今そこにあるバブル

滝田洋一

日経プレミアシリーズ

まえがき

「〝おくりびと〟って知っていますか」

仮想通貨ビットコインを取材していたとき、この通貨の取引所を運営している経営者が、いたずらっぽく訊いてきた。滝田洋二郎監督の映画のことですか、と尋ねると、「いいえ」という。いま話題の「おくりびと」というのは、ビットコインの取引で「億円」単位のもうけを上げて、勤め先を辞めてトレーダーになる人を言う。

2017年に入りビットコインの取引は過熱し、6月半ばにはビットコイン1単位の値段が3000ドルを超え、年初に比べて3倍あまりになった。以前からビットコインを購入していた投資家のなかには、数百万円の投資が数億円になった人もいる。いくらなんでもバブルでは。「値上がり益を狙った取引はバブルかもしれません」と、この経営者は率直に認めた。

背景には金融緩和によるカネ余りがあるが、世の中全体に魅力的な投資先が乏しくなったことで、目新しさを感じる商品やサービスにどっとお金が流れやすくなっている。もっと規模の大きなところでは、17年年央にかけて米国で起きたＩＴ株の人気も、バブルの色彩を帯びている。アップル、アルファベット（グーグルの親会社）、マイクロソフト、アマゾン、フェイスブック——ＩＴビッグ5と呼ばれるこの5社の株式時価総額は、17年6月時点で2兆8000億ドルあまり。

この金額は、ＧＤＰが世界5位である英国の2兆6200億ドル（16年）をも上回る。円換算すると310兆円となるが、その金額は痩せても世界3位の日本の名目ＧＤＰの6割近くに相当する。ＩＴビッグ5はそこまで桁違いの存在なのである。もちろん、これらのＩＴ企業の技術開発力は本物だろうし、米国を先頭に世界がＡＩ（人工知能）革命を迎えつつあるのも否定できない。しかしマーケットは時に、企業やビジネスの実体を過大に評価しがちなのも否めない。

本書が取り扱うのは、「バブル」ないし「バブル経済」である。「バブル」を定義すれば、「ファンダメンタルズ（実体）に基づく理論価格からかけ離れた資産価格」といえるだろう。不動産や株式などの資産価格が投機によって理論価格を大きく上回る水準まで買い上げられる過程で、「経済全体が実力以上に活気づくこと」を「バブル経済」と呼べる。

この投機熱が持続できなくなると、「膨らんだ風船が一気にはじけるような資産価格の急落」が起こる。「バブル崩壊」である。バブル期には資産価格の上昇を当て込んで借金も膨らむので、バブルが崩壊するとその借金が返せなくなり、金融は不安定になり経済は不況に陥る。これが「ポスト・バブルの不況」である。

日本は1990年代初めに株式と不動産のバブルが崩壊して以降、長い長い「ポスト・バブルの不況」に苦しんできた。この不況は日本だけの特殊事情と欧米から冷笑されてきた。が、08年のリーマン・ショックを経て、今や人々は「ブーム・アンド・バースト（膨張と崩壊）」の循環が、世界の経済と金融を動かしていると悟りだした。

そうしたなかで、17年春ごろから日本でも「バブルめいた」現象が観察されるようになった。本書の第1章と第2章では六本木や銀座、大阪ミナミといった街を歩き、そうした現象に触れてみた。第3章から第6章にかけては、投資マネーの流れや金融政策のカジ取り、バブルが生まれやすくなっている構造を探ってみた。不動産、株式、債券、デリバティブ（金融派生商品）の動きも、なるべく分かりやすく解説したつもりである。

バブルは市場経済につきものの現象であり、バブルの存在を全否定するつもりはない。その半面で、バブル崩壊によって経済や生活が修復しがたい傷を負うような事態は避けたい。どうせお金が使われるなら、将来芽の出そうなところに使われた方がよい。筆者はそんな見方をしており、本書でも曖昧な言い回しは避け、思うところを述べた。

購入後にガッカリされると困るので、本書は投資の指南書ではないことを断っておきたい。それでも、どこが危ないか、どこに芽があるかを、読者の皆さまの目で読み取っていただけるなら、幸いである。

２０１７年７月

筆　者

第　1　章

街角を歩いてみた

「バブル期並み」や「バブル期越え」。経済ニュースにそんな見出しが並ぶ。企業業績は過去最高だし、国内総生産（GDP）も生活実感に近い名目でみて19年ぶりに過去最高を更新した。職を求める人1人に対していくつの求人があるかを示す有効求人倍率も1・5倍に迫り、バブル期をはるかに超えて1974年2月以来の高水準となった。

会社に勤める人の給料の上がり方は緩やかだが、アルバイトやパートなど非正規雇用の時給は着実に上昇しだした。ディケンズの「二都物語」さながら、世の中の隅々まで実感が広がっているわけではないにせよ、経済活動や生活は全体としてみれば上向いている。

そんななかで、バブル期に見かけたような出来事や人々の動きが散見され始めた。豪華列車の旅を楽しむ人たちには高揚感が感じられる。1980年代のバブル期との違いは、勃興するアジアの人たちも日本の街に溢れ、次々と高額商品を購入している点である。

土曜午前2時の六本木交差点

2017年3月24日の金曜日の夜更け、時計の針は翌25日の午前2時を過ぎていた。場所は喫茶アマンドのある東京・六本木交差点。

4月からニュース解説に加わることになったBSジャパンのニュース番組『日経プラス10』の歓送迎会を終え、街に出てタクシーを拾おうと思っても、拾えない。そこにはタクシーを待ち、虚しく手を挙げる酔客たち。さすがに1万円札をかざす人は見かけなかったが、街の雰囲気がちょっと違う。

送別会のシーズンだからかもしれないにせよ、ここ何年も行っていなかった六本木の夜が賑わいを取り戻しているようだ。「来週、カメラを回してみてください」と番組のスタッフに頼んだ。

3月31日（金）は夕方から小雨となり、4月1日まで降り続いた。これでは人通りもまばらかもしれない、もくろみ倒れかもしれないな、と思いきや。実際には、ビニール傘を差しながらタクシーを待つ行列が出来ているではないか。

そういえば六本木ヒルズに近接する高級ホテル「グランドハイアット東京」は、ディスコパーティーを開くホテルとして老舗だ。ホテル主催では05年から10年間で計24回開いた。当初200人ほどだった来場者は年々増え、過去2回は約1000人が参加した。料金はフリードリンク、スナック付きで1人1万3000円と高めでもホテルの豪華な施設、スタッフによるきめ細やかなサービスが売りもので、「We love 80' Disco」と題したイベントは中高年層もなじみやすいという。

16年夏に初めてディスコイベントを開催した「帝国ホテル大阪」(大阪市)では、同年9月のイベントの際にリピーターが目立ったという。「グランドプリンスホテル新高輪」(東京・港区)でも12~15年まで計4回開き、1回で約1500人を集めている。

日本経済の雰囲気は変わってきたのかもしれない。

初めて『プラス10』で解説した17年4月3日、「経済全体が温まってきている感じがする。やかんの水を沸かしている状態」と表現した。やかんの水を熱すると、ある時点を境に沸騰を始め、激しい対流を起こす。17年度を迎えた日本経済は本格的な人手不足時代に入り、デフレ脱却や資産価格の上昇を意識する局面に入ろうとしている。そんな実感を抱きながら、日々のニュースを追ってみた。

図表1　豪華寝台列車「四季島」の3泊4日コース

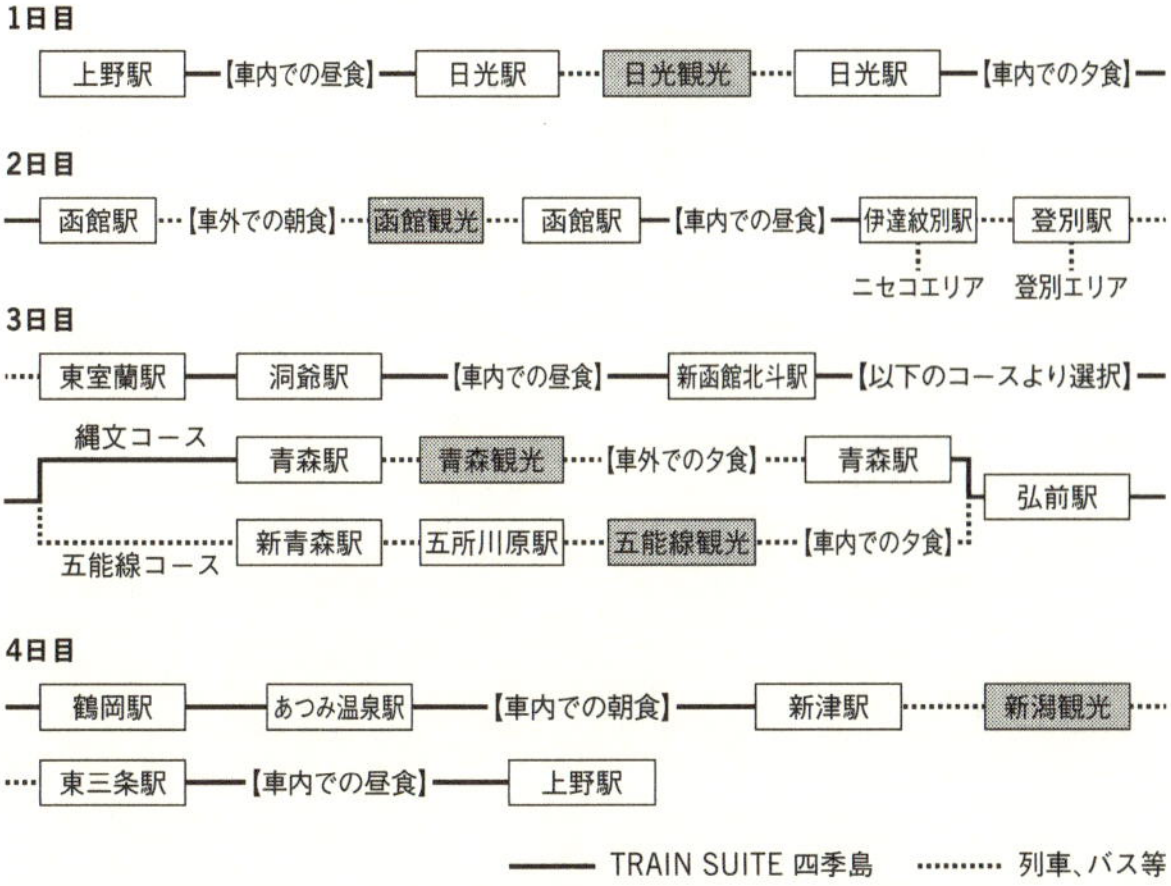

（出所）JR東日本　https://www.jreast.co.jp/shiki-shima/course.html

過熱する豪華列車ブーム

17年5月1日から走り始めた、東日本旅客鉄道（JR東日本）の豪華寝台列車「トランスイート四季島」。四季島の乗客の定員は34人で、車内には3種類の客室が用意され、料金は1人32万〜95万円（2人1室利用）。17年11月まで、3泊4日のコースのほか、甲信越地方などを巡る1泊2日のコースを用意し、17年12月から18年3月末までの出発分は、東北地方を中心とした2泊3日のコースも予定している。既に18年3月末までの出発分は完売している（図表1、図表2）。

図表2　完売した2018年3月末までの四季島の旅行料金（2泊3日コース）

四季島スイート（メゾネットタイプ）

旅行代金（お1人様）	
2名様1室利用	1名様1室利用
700,000円	1,050,000円

※2日目の観光は、「五所川原コース」または「弘前コース」から選択いただけます。

デラックススイート（フラットタイプ）

旅行代金（お1人様）	
2名様1室利用	1名様1室利用
650,000円	975,000円

※2日目の観光は、「五所川原コース」または「弘前コース」から選択いただけます。

スイート

旅行代金（お1人様）	
2名様1室利用	1名様1室利用
500,000円	750,000円

（出所）JR東日本

この豪華列車の売り物は「旅のストーリー性」にある、とJR東日本は言う。東北から北海道に向かうコースは、実は明治期に日本を訪れた英国人女性旅行家、イザベラ・バードがたどった道をなぞっている。初めての旅行を経験した17組33人の乗客は、口々に「食事や車両そのものに驚きがあった」と話し、「感動的で中身の濃い4日間だった」と満足げだった。

初回の旅客一人ひとりと話をしたJR東日本の冨田哲郎社長に聞くと、「定年退職や金婚式を記念して豪華列車の旅を楽しんでいる様子だった」という。特別の金持ちではない、余裕のできた普通の人たちが「モノではなく、特別の出来事に意味を見いだすコト消費を楽しむようになった」と冨田氏はみている。

豪華寝台列車で先行するのは九州旅客鉄道（JR九州）の「ななつ星in九州」である。『プラス10』でご一緒している、メインキャスターの小谷真生子さんも、ななつ星の旅を満喫している様子だった。コピーライターの糸井重里氏、雅楽師の東儀秀樹氏らとともに17年3月4～5日の1泊2日のコースを楽しむ様子は、BSジャパンの特別番組で放送された。

13年10月に運行を始めたななつ星は、豪華列車ブームに火を付けた。九州北部を回る1泊2日コースと九州をほぼ一周する3泊4日コースがあり、2人1室当たりの料金は33万～95万円。それでもチケットを手に入れるには倍率20倍の抽選をくぐり抜けなければならない。

JR九州、JR東日本の後を追って、西日本旅客鉄道（JR西日本）も17年6月17日から、豪華寝台列車「トワイライトエクスプレス瑞風《みずかぜ》」の運行を始めた。岡山県倉敷市、広島県尾道市、山口県萩市、島根県出雲市など、山陰と山陽の旅情あふれる街をめぐる。17年4月の時点で9月分までのチケットは売り切れている。

列車と来れば、次はバス。富士急グループ傘下の富士急山梨バスは、開発費に1億

2000万円を要した豪華貸切バス「GRAND BLEU RESORT（グランブルーリゾート）」の運行を17年5月6日から始めた。外観のデザインは富士山の山肌をイメージし、座席に高級皮革を使用するなど、造形にこだわった点が特徴だ。まずはJR東日本の四季島の乗客が、山梨市内のワイナリーなどを巡る際の観光バスとして運行。ゆくゆくは同社の旗艦モデルとして、さまざまなツアーや旅行用の貸切バスとして幅広く活用していく方針という。

大相撲の前売り券でも異変が起きている。大相撲夏場所の前売り券の販売が17年4月8日から始まったが、午前10時の販売開始から1時間半で、15日間の全日程の前売りチケットが完売した。この日、東京・両国国技館には雨の中、前売り券を求めて早朝から多くの相撲ファンが集まった。日本相撲協会では午前8時から整理券を約200枚配布し、館内のエントランスに100席ほどの椅子を用意し、正午からの販売に備えた。

ところが、である。『日刊スポーツ』によれば、次のような光景が繰り広げられた。正午より前の午前10時からネットなどでの販売がスタートしたことで、国技館の電光掲示板には午前10時17分の時点で、升A席（4人用）など数種の券で、終日完売の赤い表示が。「販売中」「残りわずか」を示すランプが次々と減り、午前11時半には表示板は「売り切れ」を示す赤いランプで埋め尽くされた。1時間半でついに残席がなくなったのだ。

「こんなこと、つい数年前までなかったのにね。ここに買いに来る意味がなくなっちゃった」と落胆する年配の女性。チケット担当者も「ここに来られた方がチケットを買えないのは、私が担当になって初めて」。同紙が紹介する声は、大相撲人気の復活を反映している。人気横綱、稀勢の里の効果もあろうが、ここにも世の中のうねりが感じられまいか。

17年5月13日午後6時半すぎ、東京アメリカンクラブ（東京・港区麻布台）で40年目のワインの対決が行われた。アメリカ・カリフォルニアワインとフランスワインのブラインドテイスティングは元々1976年に行われ、「パリスの審判」と呼ばれた。パリスの審判とはギリシャ神話で神聖な対決を意味する。その審判で当時無名だったカリフォルニアワインが、赤白ともにフランスワインに勝利を収め、その後のカリフォルニアワイン人気のきっかけとなった。

「パリスの審判」はその後、ロンドンとニューヨークでも再演されたが、40年目にして東京でも当時と同じワインを使って対決の舞台をしつらえようというのだ。審判は一流ホテルのソムリエやワイン通の経営者ら10人。ブラインドテイスティングによる東京対決でもカリフォルニアワインが勝利を収めたが、驚いたのはその後に開かれた記念パーティーである。

200人にのぼる人たちが、今となっては手に入らないようなワインを求めて、会場につめかけたのだ。

東京での「パリスの審判」の仕掛け人は、投資コンサルタントでもある米国人のジョセフ・クラフト氏。会場で感想を聞くと「これだけの人が集まり、ワインを楽しめる雰囲気になったというのは、日本経済が随分元気になってきた証拠」と笑顔をみせた。

街路にあふれる訪日客

東京・銀座の「GINZA SIX（ギンザシックス）」。銀座6丁目にオープンした面積4万7000平方メートル、13階の複合商業施設が話題を呼んでいる。開店後初の日曜の17年4月23日、一流店がひしめく6階までのエスカレーターは数珠つなぎである。

世界の一流ブランドから国内の民芸品まで241店舗が軒を連ね、そのうち121店舗が旗艦店の位置づけだが、人気は海外のブランド品よりも、日本の職人技が光る品々のようだ。13階のレストラン街へのエレベーターは長蛇の列だ。平日の夕方も、銀座の中心部は肩を触れ合う人の波となっている。

草間彌生さんによる赤いカボチャの大きなバルーン、約4000平方メートルもの屋上庭園、地下にある観世流「能楽堂」。いずれも興味深いが、ギンザシックスのなかで最も印象的だったのは、6階に出店した「銀座 蔦屋書店」だろう。広さもさることながら、棚に並べられた本は美術や映画、江戸文化など、文化・芸術関連ばかり。政治、経済書の類いがほとんど置いていない書店は、さながら美術館のようでもある。

ギンザシックスの蔦屋書店登場と合わせて、すぐ近くの銀座コア6階にあった「ブックファースト」が店じまいした。このブックファーストは政治、経済書も比較的充実しており、待ち合わせの場所としても重宝していたのだが、銀座を訪ねる人たちの雰囲気がより軽やかなものを求めるようになったのだろうか。

開店前のオープニング・セレモニーが開かれたのは4月16日、来賓の安倍晋三首相は上機嫌だった。「原稿には残念ながら山口県の物産が書いてありませんが、恐らくあるんだろうと思います。えー、私が申し上げたことを忖度《そんたく》していただきたいと、こう思うのであります」

スピーチで興味深いのは、ギンザシックスに850億円が投資されたことを踏まえて、投資で魅力が高まれば観光客が増え、観光客が増えればさらに投資ができる……といった好循環を指摘している部分だろう。「銀座でアベノミクスの好循環が回り始めている」、「銀座でまさにデフレ脱却がなし遂げられつつある」と首相はご満悦だった。

それから3カ月もたたない17年7月2日の東京都議会議員選挙で、首相の率いる自民党はセレモニーで隣り合わせだった小池百合子都知事の都民ファーストの会に惨敗を喫するのだから、世の中一寸先は闇である。とはいえ経済の面では、ギンザシックスに代表される人の波が起き始めたのは間違いない。

実はにぎわいの主役は私たち日本人ばかりでない。アジアなどから日本を訪れる観光客が日に日に増えていることは、東京以外の街を歩いてみると実感する。北海道・札幌の中心にある狸小路のアーケード街。アンメルツ、サロンパス……。中国語で「日本に来たら絶対見逃せない12種類の厳選家庭常備薬」と題したドラッグストアのコーナーには、かの地で「神薬」と呼ばれる人気の薬が並ぶ。アジアなど海外から北海道を訪れる旅行者は来日旅行者全体の8％強にのぼる。

大阪・心斎橋筋のアーケードは、アジアの言葉が飛び交う人々の波である。大阪には入社直後の1980年代前半に勤務し、その後も折に触れて出張で訪れているが、17年4月半ばに訪れた際の人混みは経験したことのないものだった。写真に収めたが、心斎橋筋のアーケード街のなかで、黒く見える塊は、観光客の頭なのである。

札幌同様、いやそれ以上に大阪の賑わいの原動力は、インバウンド（訪日）観光客である。道頓堀のあたりは、関西国際空港に降り立つ外国人観光客の71％が訪れる大阪一の人気スポット（大阪観光局による16年度調べ）。16年に大阪を訪れた外国人観光客は９４１万人と４年連続で過去最高。13年は２６３万人だったから、４年間で３・５倍である。

関西国際空港の国際線旅客数は16年には前年比15％増の１８７６万人。うち外国人客数は21％増の１２１７万人で、いずれも過去最高を記録した。各国の格安航空会社（ＬＣＣ）や大手航空会社が新規路線を開いたうえに、首都圏よりもアジアに近い地の利がある。

訪日客でにぎわう大阪・心斎橋筋商店街

　彼らの関心はショッピングやグルメである。大阪で買ったモノを尋ねると、菓子が57％とトップで、洋服・靴・バッグ・宝飾品の52％、化粧品の47％、薬39%、酒・日本茶などの飲料品38%、デザート・生鮮食料品などの食品38%と続く。

やや間があって、伝統工芸品の15%、家電・パソコン・ゲームは13%とある。家電製品を大量に購入して、帰国後に国内で販売する、「爆買い」とはやされた中国人旅行者によるそんな買い物スタイルは、中国当局が関税の引き上げなど課税を強化したことで下火となった。それでも飲み物、食べ物、着る物、化粧品や薬などの身の回り品への需要は衰えない。心斎橋筋の「マツモトキヨシ」には、中国や台湾からの旅行者にも分かりやすいように「松本清」と漢字ののぼりが立っている。

東京で「一極集中」があいさつ代わりであるように、大阪の経営者の決まり文句は「地盤沈下」である。言葉は発想を固定化させ、ビジネス機会を取り逃がすことにもつながる。実際には、こうした思い込みとは逆に、生産活動をみると大阪を筆頭にした関西圏は健闘している。10年を100とした鉱工業生産指数は、足元の17年5月で全国が100・4なのに対し、近畿圏は106・1に達している。

なかでも近畿圏は電子部品・デバイスで134・8（全国108・5）、電気機械では121・8（全国98・8）と、全国に大きく水をあけている。スマートフォン（スマホ）向けの電子部品、電気自動車向け電池、省エネ型白物家電。旬の品がけん引役となっている。

スマホ関連などが好調なのは想像に難くない。非耐久消費財がここ2～3年、ぐんぐん伸びている。10年に比べると、足元の実質輸出は8割も多い。非耐久消費財とは、化粧品、文房具、薬など身の回り品のことだ。インバウンド観光で日本製品のとりこになった人たちが、帰国後も買い求めているのである。

インバウンド消費が伸びると輸出も伸びる

インバウンド消費と輸出との間には密接な関係がある。化粧品を例に取れば、中国・香港などインバウンド消費の増加率が高い国・地域向けほど輸出の増加率が高い、と内閣府は分析する（図表3）。観光庁による訪日外国人のアンケート調査を確認すると、来日時に購入した商品のうち最も満足したのは化粧品・香水という訪日外国人は、中国を中心に高い割合となっている。その理由としては、「品質の良さ」や「日本製であること」等があげられている。

また、みずほ総合研究所の「訪日外国人の再購買に関する調査」（16年8月）によれば、訪日外国人の化粧品・香水に対する再購買意向は9割近くとなっている。訪日時に購入したことをきっかけに帰国後もネットを通じた電子商取引等を通じて日本製品の購入を継続して

図表3　化粧品の輸出とインバウンド消費

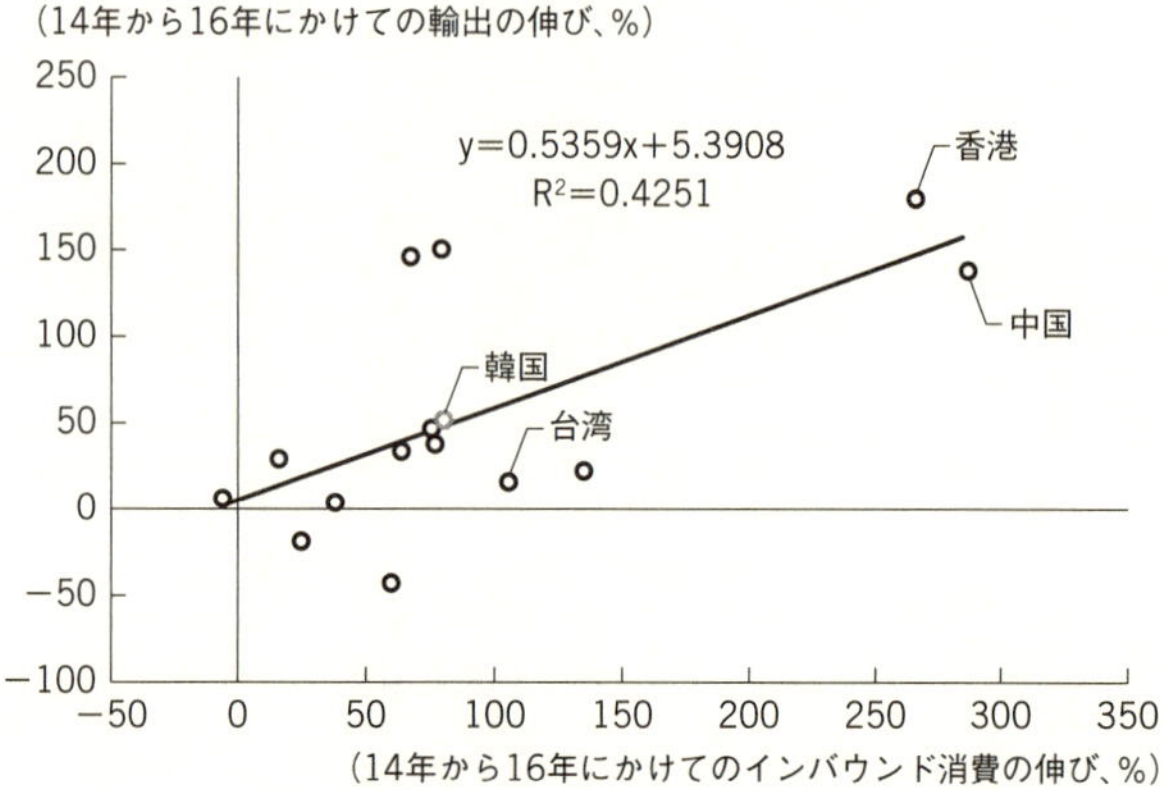

（備考）1. 財務省「貿易統計」、観光庁「訪日外国人消費動向調査」により作成。
2. 訪日外国人消費動向調査で化粧品・香水の購入動向を確認できる国のうち、2016年の化粧品輸出額が大きい15国について、プロットしたもの。
（出所）内閣府　http://www5.cao.go.jp/keizai3/shihyo/2017/0227/1163.html

いる可能性が考えられる、という。

高級化粧品のアルビオンを例にとると、売上高は14年度の４０９億円が、15年度には４９６億円へと21％増え、16年度は５％増の５２３億円となった。原動力はインバウンド需要で、百貨店でのインバウンド比率は14年度の４・５％が、15年度は13・４％、16年度は14・１％に高まった。同社化粧品のインバウンド売り上げが目立つのは有名百貨店で、16年度は三越銀座店が21億６０００万円、大丸心斎橋店が14億２０００万円、大阪タカシマヤが12億７０００万円となっている。

各店舗でのインバウンド売上比率は

72・5％、79・4％、67・0％だから、訪日観光客の高級店での高級ブランド志向の強さがうかがえる。円安の追い風に加えて、14年10月からは外国人観光客の化粧品購入に、免税措置が適用されたのも大きい。同社の小林章一社長に聞くと、悩みのタネは、帰国後の転売を目的とした大量購入だという。ブランド管理の必要もあって1人当たりの販売個数を制限するなど工夫をこらしている。それほど、中国などでは同社製品はブームになっている。

また、最近では化粧品メーカーによる増産に向けた設備投資の動きもみられる。訪日外国人の増加は、日本国内における販売額を増加させるだけではなく、日本製品の魅力が発信されることで、輸出を増加させ、生産の増加や設備投資につながることも期待できる。今後も、訪日外国人に日本製品の良さを様々な方法で伝えていく努力が必要だろう。

背景にあるアジア諸国の所得増加

内閣府の分析やアルビオンのケースに対しては、円安の追い風が止まれば、インバウンド観光やアジア向け輸出も息切れするといった慎重な見方もある。だが、日銀大阪支店長だった宮野谷篤氏（日銀理事）はそうは見ていない。「基本にあるのはアジア諸国・地域の所得増加」だからだ。1人当たり国内総生産（ＧＤＰ）が３０００ドルを上回るアジア諸国・地

図表4　高まるアジアの所得水準
（1人当たりGDPが3,000ドル以上の主な国・地域、単位ドル）

2005年		15年	
シンガポール	29,870	シンガポール	52,888
香港	26,554	香港	42,390
韓国	18,658	韓国	27,195
台湾	16,503	台湾	22,288
マレーシア	5,599	マレーシア	9,557
		中国	7,990
		タイ	5,742
		インドネシア	3,362

（出所）IMF

域は図表4のごとし。その数が10年間で5つから8つに増え、総人口は18億人を超える。所得水準も目を見張るほど高くなっている。その購買力が観光消費や輸出となって、日本に及んでいるのだ。

事実、一時中だるみとなっていた訪日外国人の消費に底入れ感が出てきた。日本百貨店協会の調べでは、全国の百貨店の免税品売上高は16年12月から前年同月比でプラスに転じ、17年3月は25％増の196億円に回復した。

観光庁によれば、17年上期（1～6月）の訪日客は1375万人と、前年同期比で17・4％増え、上期では過去最多に。年間最多の2403万人を記録した昨年を上回るペースとなっている。訪日客の消費額は17年上期の累計が２兆４５６億円と、初めて２兆円を突破した。

かつては富裕層が多かったが、各国でＬＣＣの運行数や、ＬＣＣを使った旅行商品が増えており、低予算に魅力を感じて訪日する客が増えてきた。訪日客１人当たりの百貨店の購入額は15年に一時、８万円を超えた後、失速したが、16年末に６万円台後半まで回復。爆買いの再来は難しいものの裾野は広がっている。観光庁によると16年のホテルや旅館の外国人延べ宿泊者数は前年比８％増の７０８８万人と過去最高だった。16年に約３兆７０００億円に達した訪日客の消費額がさらに増えれば、幅広い分野に恩恵が及ぶと期待が膨らむ。

バブル現象の星取表

１９９０年代の初めにバブルが崩壊して以降、何度もバブルの再燃が取り沙汰されてきた。なかでも２０００年にはＩＴバブル、06年から07年にかけてはヒルズ・バブルがはやされた。前者ではＩＴ企業の株価が乱舞し、後者でも六本木ヒルズに集うベンチャー企業が多額のマネーを動かした。だが結果的には、景気の失速とともにこれらのバブルは崩壊するというより、しぼんでいった。

図表5　バブル再来の条件

バブルが生まれる条件は？	現状
金融緩和で世の中でお金が余っている	○
市場で値上がり狙いの短期売買が増える	○
社会の変革期で将来の予想が難しくなる	○
市場でバブル崩壊を経験した人が減る	△
新しい金融の仕組みが生まれる	△
「土地の需要が増える」とみんなが信じる	×
銀行が貸し出しを増やし、お金が増える	×

（出所）『日本経済新聞』2013年2月19日付「プラスワン」

今回のバブルを思わせる社会現象の起点は、デフレ脱却を最優先に掲げた安倍晋三政権が、12年末に誕生したことだろう。円高が修正されたのを機に、まず株価が急騰した。株高のピッチが速かったことから、新聞や雑誌では13年には早くもバブルの再来が話題になっている。13年に入るころ、早くも『日本経済新聞』が「バブルがまた来るって本当？」と題して、この問題を取り上げている（図表5）。

その記事に掲げられた「バブルが生まれる条件は？」と題した、7つの項目の整理が興味深い。それによれば、「金融緩和によるカネ余り」、「値上がり益を狙った短期売買の活発化」、「将来の変動予想の困難化」の3要素は、その時点で当てはまっていた。「バブル崩壊の経験者の減少」、「新しい金融の仕組みの誕生」の2つは、当否の判断をつけがたい。そして、「土地の需要増への確信」と、「銀行融資の拡大」の2つについては、当てはまらないとみていた。

13年初めの判断としては、妥当なものだろう。その後、14月4月の消費税率の引き上げで景気は足踏みし、16年には世界経済の減速にも見舞われた。その間、景気が失速しそうになると安倍政権は経済対策に乗り出し、黒田東彦総裁の率いる日銀は金融緩和を重ねた。

円安による輸出の回復にも助けられて企業業績は過去最高を更新し、日経平均株価は17年6月には再び2万円の大台を回復した。そうこうするうちに、不動産も物件の中身次第ではあるが、「土地の需要増への確信」が復活しだしている。それに伴って不動産向けに「銀行の融資も拡大」しだしたのである。

目立つ大阪商業地の地価上昇

国土交通省が17年3月21日に発表した、17年1月1日時点の公示地価。住宅地価格が9年ぶりに底打ちし、わずかながら上昇した。新聞記事は見出しを採りやすい住宅地に焦点を当てたが、住宅地ばかりでなく、商業地と工業地の価格も上昇している。そして神々は細部に宿る。大阪の動きに目を見張る。商業地の上昇率の上位5地点をみてみよう。

1　道頓堀1―6―10（づぼらや）41・3％上昇
2　宗右衛門町7―2（ＣＲＯＥＳＵＳ［クリサス］心斎橋）35・1％上昇
3　小松原町4―5（珍竹林）34・8％上昇
4　心斎橋筋2―39―1　33・0％上昇
5　茶屋町12―6（エスパシオン梅田ビル）30・6％上昇

大阪が上昇率のトップ5を席巻したのは初めてだろう。いずれも大阪市で前年比の上昇率は3割を超えている。1位に輝いた「づぼらや」道頓堀店は地下鉄なんば駅から450メートルの距離。「かに道楽」と並んで、大阪人なら知らぬ人がいない大衆ふぐ料理店である。手ごろな値段でふぐ料理を出しており、2種盛り前菜、てっさ、てっちり、ふぐ揚げ物、ぞうすい、デザート付きの「てっちり弁天コース」は、税・サービス料込みで5400円。

その大衆ふぐ店と商業地での上昇率1位の組み合わせが何とも面白いが、この「づぼらや」道頓堀店の土地は16年も前年比40・1％上昇しており、地価は2年で2倍になった（図表6）。鑑定評価員によれば、「外国人観光客の増加にともなって、賑やかさが増していることから新規の出店需要が非常に強い。さらに周辺部はホテル用地としての需要も旺盛」という。

この「づぼらや」道頓堀店から、道頓堀を渡ると商業地としては上昇率2位の「クリサス」

図表6　大阪「づぼらや」道頓堀店の地価推移

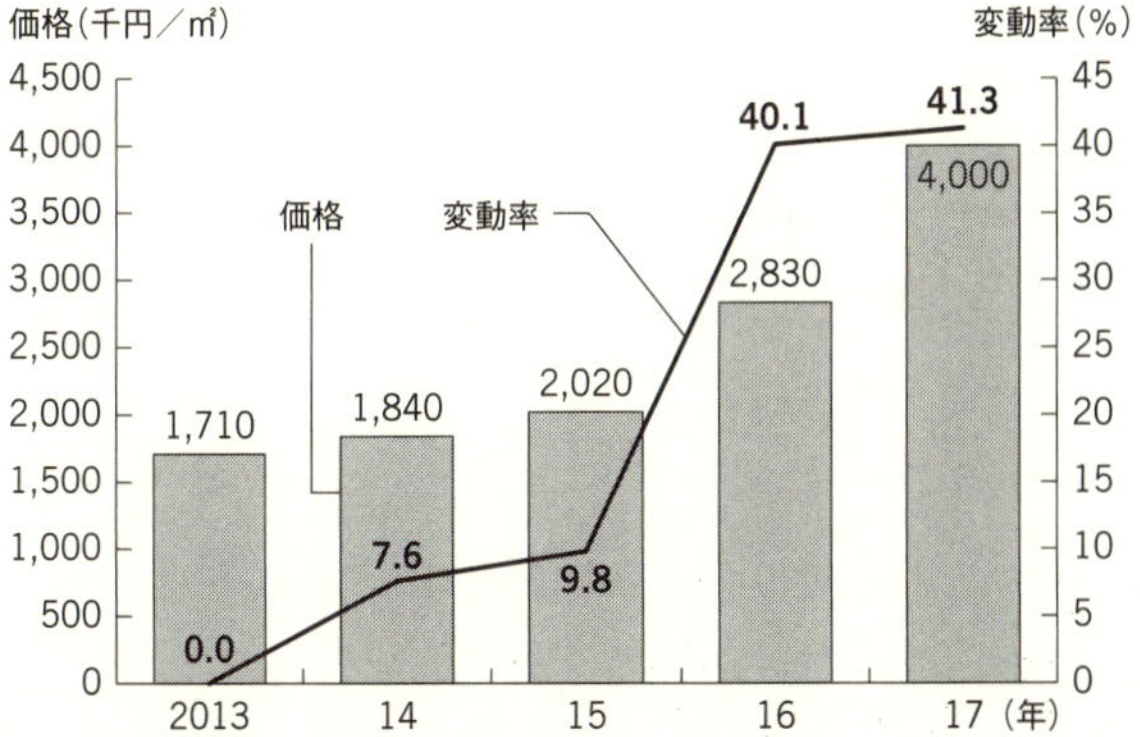

（出所）国土交通省

心斎橋があり、その先には心斎橋筋のアーケード街があるといった具合だ。ついでに大阪の観光名所、通天閣にほど近い地下鉄・恵美須町駅（大阪市浪速区）に足を延ばしてみよう。訪日外国人が多く乗降する出入り口からすぐの場所で、約360室の大型ホテルの建設が進んでいる。『日本経済新聞』によれば、同じ場所には14年までシャープの営業拠点があったが、売却されていた。

新しい所有者はアジア系の大手旅行会社。不動産鑑定士によると「公示地価を大幅に上回る価格で土地が取引された」。新設するホテルは外国人客が多い「道頓堀ホテル」を展開する王宮（大阪市）が運営する計画で、「電機大手などのオフィスからホテルへ」と

図表7　銀座「山野楽器」本店の地価推移

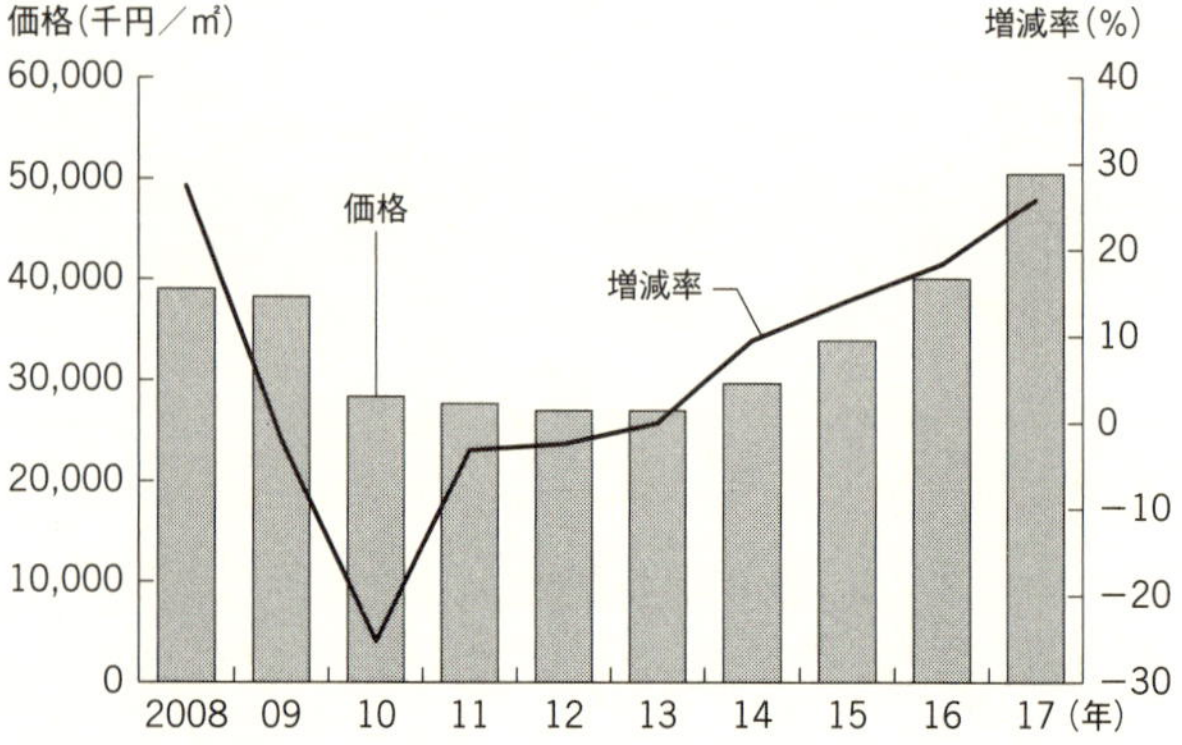

（出所）国土交通省

いう動きを象徴する。

ちなみに6位は京都市の祇園町、7位は名古屋市の名駅、8～10位は東京の銀座。仏壇用の線香やお香を扱う「豊田愛山堂」のある祇園町（北側277）の土地の前年比上昇率も16年の21・1％に続き、17年は29・2％と上げ足を速めた。観光名所、八坂神社にほど近く、鑑定評価員によれば、観光客目当てに京都府内外から出店意欲が極めて旺盛で、特に祇園地区を中心に観光地周辺の店舗への引き合いが強いという。

商業地として地価の水準がトップだったのは、東京・銀座の山野楽器本店（中央区銀座4－5－6）。1平米当たりの地価は16年には4010万円だったが、17年には5050

万円とバブル期にも記録したことのない初の5000万円台に乗せた。地価の上昇率も16年の18・6％から、17年には25・9％と加速している（図表7）。銀座では16年3月に「東急プラザ銀座」が、日産自動車のショールーム跡には16年9月に「GINZA PLACE」が、17年4月には「ギンザシックス」が開業。20年以降には建て替えられる新「ソニービル」の開業が見込まれる。

埼玉県入間市の地価が急騰した理由

埼玉県入間市の存在も見逃してはならない。ただし観光スポットとしてではないし、朝鮮半島の緊張激化に伴い航空自衛隊入間基地に脚光が当たっているといった事情でもない。西武池袋線・入間市駅から5キロメートル離れた、圏央道（首都圏中央連絡自動車道）周辺の土地（入間9－1）が、工業地として全国一の上昇率（10・3％上昇）に輝いたのだ。

用途は物流施設である。そういえば、17年2月に大火事を起こして世間を騒がせたアスクルも、物流倉庫の所在地はこの近隣の入間郡三芳町だった。圏央道の埼玉県および神奈川県内の区間が相次いで延び、さらに2月には茨城県区間が全線開通した。圏央道の輸送ルートとしての使い勝手が格段に良くなるとして、沿線地域で物流用地の需要が高まっている。

その底流には、インターネット販売の普及という消費構造の地殻変動がある。ネットでの注文にタイムリーに応えるには、大規模な物流施設が不可欠。商業地の不動産需要が「オフィスからホテルへ」とシフトしているように、ネット販売の拡大とともに工業地の不動産需要も「工場から物流倉庫へ」と大きく変わっているのだ。

賃金上昇はアルバイト・非正規社員が先行

ネット販売が普及する陰で、人手不足が深刻さを増している。ヤマト運輸による27年ぶりの運賃値上げ要請が話題となっている。象徴的なのは、相手方がネット販売大手のアマゾンだったことだ。数時間刻みの配送や留守宅への再配達など、きめ細かな宅配サービスを続けるようにも、人手が足りず現場環境は過酷になっている。だから、運賃値上げを認めてほしい。こんなヤマトの要請には、うなずく消費者も多かった。

アマゾンなどで、居ながらにして最安値を選べることから、価格破壊が起きた。当初は、通販の量の拡大が物流コストの抑制につながった。そうしたプロセスが、とうとう限界に達したようだ。大企業の従業員の賃金上昇でなく、雇用が逼迫している業種（大抵は低賃金）から賃上げが始まっている。

43・9％の企業で正社員が足りない。帝国データバンクが17年1月、企業に従業員の過不足を尋ねたところ、そんな回答が返ってきた。正社員が足りないとの回答は、半年前の16年7月調査から6・0ポイント増加した。正社員の人手不足は、過去10年で最高に達した。

正社員の人手不足が最も著しい業種は「放送」の73・3％で、「情報サービス」「メンテナンス・警備・検査」「人材派遣・紹介」「建設」が60％台で続く。「運輸・倉庫」も58・1％の企業が正社員の人手不足を訴えている。

非正規社員が人手不足という企業は29・5％。半年前から4・6ポイント増加した。最も非正規社員の人手が足りないのは「飲食店」の80・5％である。これに「娯楽サービス」の64・8％、「飲食料品小売」の59・4％が続く。「旅館・ホテル」も53・3％で人手が足りない。

人手不足はアルバイト・パートの時給にも反映している。リクルートジョブズの調べでは、17年2月のバイト・パートの時給は前年同月比2・3％増の1001円と、2月としては初めて1000円の大台に乗せた。年末のかき入れ時である16年11月、12月に1000円台に乗せ、年明け1月には993円まで低下していたのだが、人手不足の度合いが強まったことで早くも持ち直した。時給は17年6月には同2・4％増の1012円と調査開始以来最高に。

17年6月のホテルフロントの時給が前年同月比3・1％増、金額にして30円増の1021円になったのは、外国人観光客の増加を反映してのことだろう。ホテルスタッフ、宿泊施設関係（旅館・民泊）も988円と983円ながら、前年同月比ではそれぞれ2・4％増、2・8％増となっている。

ヤマトの運賃値上げ要請の背景にあるのは、ドライバーの不足。フォークリフトなどのオペレーターの時給は同5・7％増の1140円と、1100円台に乗せた。ドライバー・配送・デリバリーは1025円、ドライバー（中型・大型・バス・タクシー）は1086円となっている。

このほか介護スタッフが同1・7％増ながら1033円に。ホームヘルパー（訪問介護員）が1181円、介護福祉士が1124円になったのも目を引く。介護の仕事はきつくて、低賃金といった紋切り型の言い回しが流布するなかで、労働需給の逼迫は確実に時給に反映されつつあるのだ。

その一方で17年の春闘について、連合は17年3月24日、ベースアップ（ベア）と定期昇給を合わせた平均賃上げ額は6224円、賃上げ率で2・05％だったとの中間集計を発表した。3月23日朝までに回答のあった1243組合の集計で、前年同期と比べ111円、0・

05ポイント減少した。多くのメディアはこうした春闘の結果を「4年目の官製春闘の限界」などと大見出しで報じた。

17年7月5日に発表された連合の最終集計でも、平均賃上げ率でも1・98%と前年実績の2・00%をわずかながら下回った。自動車など大手企業の組合側要求が前年を下回り、伸び率は2年連続で縮小したのだ。ただし、経団連が17年7月12日に発表した、17年春闘の最終集計では、大手企業の定期昇給やベアを含む賃上げ率は前年より0・07ポイント上昇の2・34%となっている。賃上げ率の2%超は4年連続という。いずれに注目するかで立場は分かれようが、春闘の賃金決定が前年実績に引っ張られがちなのは事実だ。

春闘の賃上げとバイト・パートの時給増加を単純には比較できないにせよ、どちらの元気が良いかは明らかだろう。企業がいったん雇ったらなかなか解雇されない長期雇用が保証された「正規雇用」と、その都度の事情で雇われるバイト・パートなどの「非正規雇用」。日本の雇用市場は、この正規、非正規に分断されている。

正規雇用の場では、企業経営者はいったん賃金を引き上げると、その後の景気後退期に賃金をカットすることが難しい。いわんや解雇をや。だから賃金引き上げにはどうしても慎重になる。組合も企業内組合だから、そうした経営側の事情には「忖度」を働かせる。反対に非正規雇用では労働需給に応じて賃金が決まるので、最近のように景気が持ち直し、人手不足が目立つ局面では賃金が上昇しやすい。

かくて「官製春闘」とは別世界の、非正規の雇用市場で賃金上昇のメカニズムが働きだしたのである。ところが政府も組合もマスコミも、大企業が春闘相場という形で賃金水準を決め、中小企業や非正規雇用に波及していくとの思考に囚われている。その結果、バイト・パートの時給の変化にはメディアの関心が向かわず、認知ラグに陥っている。

世界経済はグローバル・リフレーションの局面

グローバルに政治の不透明感が漂うなか、世界経済は底堅さを指摘されだした。その背景は何か。日本の経済と企業の行方をどう見るべきか。世界最大級の資産運用会社で日本企業に20兆円余り投資している、米ブラックロック日本法人の井澤吉幸会長に見通しを聞いてみた。17年2月下旬のことだ。

足元の世界経済の好転について「回復の足取りは確か」との判断を示したうえで、「息の長いグローバル・リフレーション（信用再拡大）の局面入り」を指摘した。米国は賃金が上昇しだし、欧州も政治の先行きは不透明だが、信用拡張が始まっている、というのだ。

新興国についても、「16年初めには好調なのはインドくらいだった。今や回復の裾野が広がっている」と自信を示した。見逃せないのは「内需をけん引役とした中国の持ち直し」で、「石炭や鉄鉱石の需要回復につながり、商品相場の上昇を促している」という。「石炭や鉄鉱石の輸出国であるオーストラリアやブラジルの経済が上向いている。原油相場の底打ちでロシア経済は窮地を脱しつつある。中国向けの輸出が多いアジア諸国の景気も回復している。日本の外需は中国発の好循環の恩恵を受けつつある」

「日本の輸出入に占めるアジア貿易の比率は1990年には30％だったが、今や50％超。中国のおかげで東南アジア諸国連合（ASEAN）が上向いているので、日本のアジア向けの輸出が増えている」

肝心の内需はどうなのか。17年2月下旬の時点で「外需ほどの勢いはないものの、底堅い」と語っていたのが、印象的だった。「衣料に比べて、食料の好調が目立つ。肉や卵の消費を占ううえで飼料業界に注目しているが、その業績が良い」といった、独自の〝先行指標〟判断による。「サービスではとくに介護が伸びている。インターネットを通じた消費が年15兆円規模に達したとみられるなど、内需の構造は前向きに変化している」とも述べていた。

政府は17年3月の月例経済報告で、個人消費に対する判断を若干上向かせた。2月の「持ち直しの動きが続いているものの、このところ足踏みがみられる」から、「総じてみれば持ち直しの動きが続いている」へと変更したのだ。企業収益の判断を政府は、2月の「改善の動きがみられる」から、3月は「改善している」へと上向かせた。消費と企業収益は足並みをそろえているようにみえる。

一新した日本のGDPの自画像

そうは言っても、人口減少に向かう日本経済は右肩下がりではないか。そんな疑問をぬぐえない向きも多いだろう。皮肉にも人口が減少し、労働力の供給が限られているからこそ、多少の景気上昇で、人手不足が深刻になってしまうのだが、そうした議論をする前に、日本経済の全体像であるGDPを点検してみよう（図表8）。

直近16年度の日本の名目GDPは537・5兆円。前年比で1・1％増え、過去最高だった1997年度の533・1兆円を19年ぶりに更新した。あれれ、日本の名目GDPは500兆円くらいじゃなかったの。いつの間に30兆円以上も水増しされたの。そんな疑問を抱いた方がいるなら、経済に土地勘のある証拠だ。実は政府はGDPの計算方法を改定し、米欧のように企業の研究開発費（R＆D）などを投資に加えたのだ。その結果、15年の名目

図表8　新基準でガラリと変わった名目GDPの姿

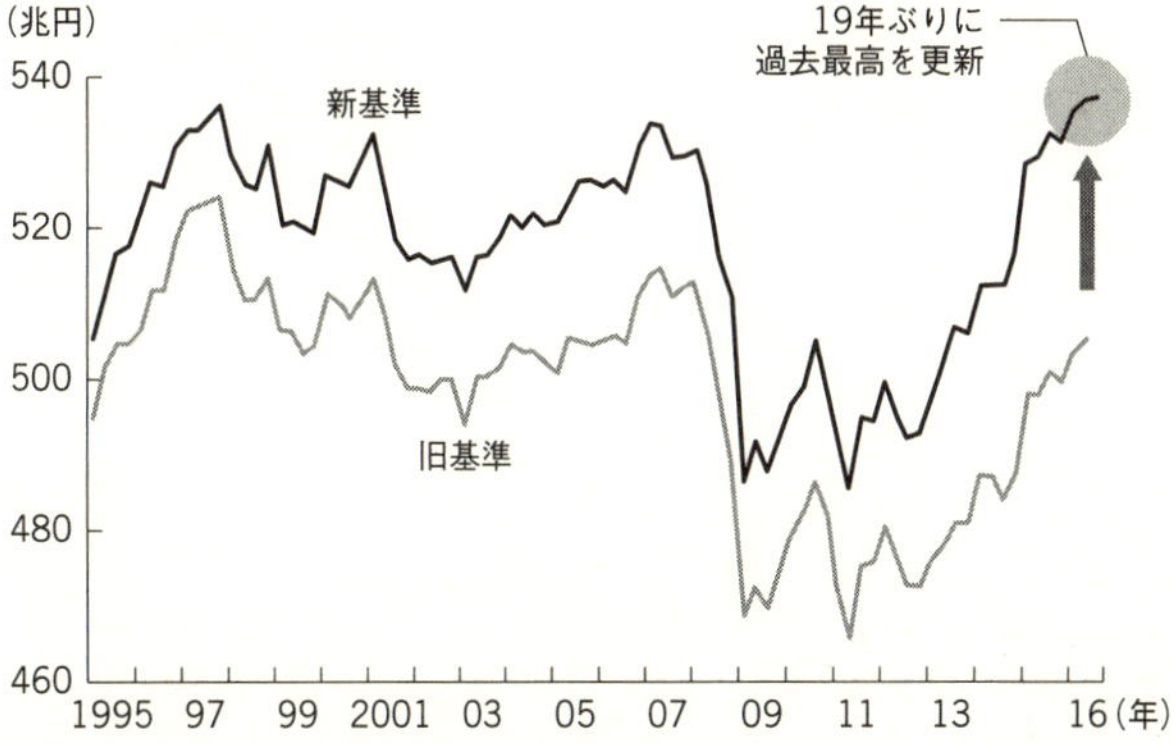

（注）新基準は2011年基準、旧基準は05年基準
（出所）内閣府「四半期別GDP速報」より

GDPと比べると、従来の基準で500・6兆円だったものが、532・2兆円へと30兆円余り拡大した。

旧基準と新基準のGDPを年度ベースで比較すると、日本経済の自画像が違ってくる。まず旧基準のイメージ。97年の521・3兆円をピークに、07年にはいったん513・0兆円まで持ち直したものの、リーマン・ショック（08年）と東日本大震災（11年）で大きく落ち込み、その後多少回復したとはいえ500兆円止まり。経済の天井は着実に低下している、という右肩下がりのイメージだ。

新基準のイメージは異なる。07年にはほぼ97年のピークに近づき、その後リーマン・ショックと大震災に見舞われたものの、15年には再びピークに接近している。16年（暦年）にはついにピークを更新したことを含め、粘り腰といったイメージを抱かせる。

安倍政権の経済運営（アベノミクス）の見立ても違ってくる。政権発足前の12年と3年目の15年を比較すると、旧基準でのGDP増加額は26・2兆円。これに対し新基準では37・5兆円の増加となる。10～12年を民主党政権時代とし、09年と12年を比べると、旧基準では0・4兆円、新基準でも2・6兆円にとどまるから、GDPを物差しとした経済運営の成果は明らかだろう。

もちろん、こうしたGDPの拡大の背景には、日銀の異次元緩和によるマネーの大量増刷が存在する。そしてマネーの大量増刷にもかかわらず、消費者物価指数は17年1月にようやくプラスに転じたばかりで、政府・日銀が13年1月の政策合意で定めた2％の物価目標の達成からは程遠い。2％物価を目標とする、黒田東彦総裁率いる日銀は、米国が利上げしようと、欧州が量的緩和の出口を模索しようと、異次元緩和を継続する構えである。

日銀レポートに9年ぶり「景気拡大」の文言

「景気の拡大」。日銀が17年4月27日の「経済・物価情勢の展望（展望リポート）」で、9年ぶりに「拡大」の文言を使った。感想を求められた弱気派のエコノミストの表情は、一瞬こわばったようにみえた。消費者物価上昇率が日銀の2％目標になかなか到達しない。そんな具合に、金融緩和の限界と副作用を雄弁に語っているうちに、肝心の実体経済はだいぶ上向いてきたからだ。

足元の景気もさることながら、今回の展望リポートで興味深いのは、潜在成長率の推計値を上方修正した点だ。13〜16年度についての推計値は、16年10月時点の0・2％から0・7％に0・5ポイント上方修正された。16年12月にGDPの計算に新基準が採用され、研究開発（R&D）などが加味されることになったおかげである。

もうひとつ、展望リポートでは全要素生産性の伸びについての計測が目を引く。全要素生産性というのは、経済活動の成果から労働と資本の投入分を差し引いた分で、普通は技術の進歩などを意味する。バブル崩壊後の全要素生産性の年平均伸び率は1995〜2000年が1・0％、01〜05年が1・1％だったが、リーマン・ショックに見舞われた06〜10年にはマイナス0・2％と水面下に沈んだ。

それが11〜15年には1・0％と、リーマン前の水準まで回復した。世界中で生産性低下が大問題になっているなかでの逆行高。原因を探るべく、産業を①IT（情報技術）製造部

図表9　全要素生産性の年平均伸び率

	1995～2000年	01～05年	06～10年	11～15年
全体	1.0%	1.1%	−0.2%	1.0%
IT製造部門	8.4	9.0	7.7	4.9
IT利用部門	1.3	1.5	−0.6	0.4
計測が難しい部門	−0.5	−0.2	−0.0	2.1
その他の部門	0.6	0.1	−1.0	0.2

（出所）日銀「展望レポート」（2017年4月）

門、②ＩＴ利用部門、③計測が難しい部門、④その他の部門――に分けてみると、伸びが目立つのは③計測が難しい部門だ。

06～10年にはマイナス０・０％だった③の部門の全要素生産性の伸び率は、11～15年には２・１％まで高まった。この③の部門を構成するのは、建設、不動産、金融・保険である。金融緩和と積極財政を柱とするアベノミクスの恩恵を受けた面があろう。「ＩＴ関連に代わって、オリンピック関連投資や都市部の再開発関連投資などで活況を呈している建設業が、全要素生産性を押し上げている」。展望リポートはそんな分析を加えている。

日本経済の地力ははるかに低下しているとはいえ、１９８０年代後半から90年にかけてのようなバブル景気が繰り返されることはないのだろうか。森友学園問題や加計学園問題への政権の対応をみていると、リクルート事件が走馬灯のようによみがえってくる。事件の発覚は88年6月、ときの竹下登政権は当初、問題を過小評価して未公開株問題への対処が後手に回った。

折しも89年4月には消費税の導入という不人気なイベントが控えていた。振り返れば当時がバブル景気の真っ只中だったのだが、消費者物価は落ち着いていた。株価と地価が急騰するなか、日銀は消費税の引き上げ前の公定歩合引き上げをためらい、初の利上げは消費税導入の翌月の89年5月だった。

今回も政局が動揺するようだと、おのずと日銀への期待が台頭するはずだ。消費税再増税の時期は19年10月。再増税の決断は18年中だが、そのときまでに2％物価を達成できているかは、再増税の重要な判断材料となる。日銀は17年7月に、2％物価目標の達成時期を、「19年度ごろ」へと1年間先送りしたが、それまでの間は金融緩和の基調が続くことになる。

その前に18年9月には安倍首相の自民党総裁としての任期が到来する。安倍政権が命脈を保ったとしても、18年12月には衆院議員の任期満了となるので、遅くとも18年中には国政選挙が必至となる。

ときの政権としては、景気を上向かせ、株価を堅調に保ちたいところだろう。いきおい経済の実態に比べて緩和の度合いが強まるはずである。バブルの歴史は繰り返すのだろうか。

第　2　章

2020年東京五輪とその先

1980年代後半を思い起こさせるように、東京が建設ラッシュに沸いている。2020年に開く東京五輪を控えた五輪関連施設の建設が目立つが、そればかりでない。オフィスビルや複合商業施設の建設がラッシュとなっているのだ。

こうした建設ラッシュの背景には仕掛けがある。金融緩和に加えて、都市再生特区という規制緩和が、都市再開発の流れに弾みをつけている。その再生事業の焦点は何と言っても東京であり、一連の大型プロジェクトは銀行にとっても、またとない融資対象である。

五輪関連の経済効果を東京都は32兆円あまりと見込むが、五輪という宴の後の反動減は避けられまい。単なる五輪バブルで終わってしまうのか、それとも20年以降にもレガシー（遺産）を残せるのか。街づくりの戦略が試されている。

動き始めた六本木5丁目再開発

東京都港区六本木5丁目西地区。ここで都内最大の再開発プロジェクトが動き出そうとしている。すでに「六本木五丁目西地区市街地再開発準備組合」は発足しており、施工主は森ビルと住友不動産である。

森ビルといえば、虎ノ門、新橋、赤坂、六本木など都内の要所に高層ビルを持ち、大家として名を馳せている。オフィスやレストラン、高級店を抱えた「六本木ヒルズ」は、六本木のランドマークになっている。そのすぐ近くの広い区画を再開発し、「第2六本木ヒルズ」というべき施設を開発しようというのだ。

「六本木ヒルズを超えるようなインパクトを世の中に与える」。２０１５年の年頭所感で森ビルの辻慎吾社長が大見えを切ったプロジェクトは、まだ計画が固まったわけではない。それでも、17年3月期決算の投資家説明資料をみると、相当な大規模開発になることは想像に難くない。

「地下鉄駅等との交通結節機能の強化及び『都心の森』に複合ＭＩＣＥ施設や外国人等向けの居住、文化、教育等の生活環境の整備」を事業の中身とする。東京圏国家戦略特別区域会議の説明資料には、そんな記述がみられる。MICEって何？　ネズミを意味するmouseの複数形のことかな。そう思って調べてみると、地域に人を集める仕掛けのようだ。

つまり、企業等の会議（Meeting）、企業等の行う報奨・研修旅行（Incentive Travel）、国際機関・団体、学会等が行う会議（Convention）、展示会・見本市、イベント（Exhibition/Event）の頭文字である。多くの集客交流が見込まれるビジネスイベントなどの総称という。

MICEは、企業・産業活動や研究・学会活動等と関連しているため、一般的な観光とは性格を異にする部分が多い。旗振り役である観光庁によれば、「人が集まる」という直接的な効果はもちろん、人の集積や交流から派生する付加価値の向上も狙える、という。わい雑さが特徴だった六本木にしては、品が良すぎる気もする。「六本木5丁目再開発地域」とはどんなところなのか。

17年5月上旬。午後6時半から、その地域を歩いてみた。起点は喫茶アマンドのある六本木交差点。通りをしばらく行くと、「ロアビル」に行き当たる。その1階には、いつの間にか「六本木横丁」というレトロな空間がオープンしていた。当日もチラシを配っていたが、ロアビルといえばディスコのイメージが強すぎたためか、ちょっと面食らった。

肉料理を中心に、すしや天ぷら、海鮮など日本料理のほか、韓国、スペイン料理も加え20店舗が並ぶ。タウン紙『六本木経済新聞』によれば、プロデュースしたのは「渋谷肉横丁」も手掛けた安藤章人さん。安藤さんは「誰もが安心して気軽に楽しめる横町を作りたいと思った。東京五輪を控え、外国人観光客にも日本の古き良き時代の文化と、国産ブランド牛をはじめとする国内のうまいものを味わってもらおうと、横町スタイルにこだわった」という。

東京・六本木5丁目の再開発予定地

お屋敷街に漂う歴史の息吹

その「ロアビル」を右折すると、鳥居坂となる。不思議なことに角を1つ曲がっただけで、繁華街の喧騒を離れて、昔のお屋敷街の佇まいを残す静かな空間に入る。鳥居坂の右手が再開発地域だが、すでに住居が立ち退いた跡とおぼしき、がらんとした空間が広がる。その向こうには、ライトに照らされた六本木ヒルズの遠景が、薄暮のなかに浮かび上がる。

鳥居坂を進むと右手には、東洋英和女学院、日銀鳥居坂分館、国際文化会館などの施設が続く。東洋英和の幼稚園、小学部、中高部、大学院が位置する六本木校地は、「都心の中でも群を抜く利便性と文教地区の静けさをあわせもっています。幼稚園・小学部の敷地は公孫樹や樟の大樹が葉を茂らせ、緑が豊かです」。学園側はそう胸を張る。

東洋英和女学院の創設者であるマーサ・カートメルは、1882年にカナダ・メソジスト教会婦人ミッションの日本派遣婦人宣教師として来日し、1884年に東京、麻布鳥居坂（現在の港区六本木）の地に東洋英和女学校を創設している。鳥居坂は発祥の地なのである。鳥居坂の右手にみえるのは、幼稚園と小学校である。

日銀鳥居坂分館は、日銀の現役職員とOB用の施設。和食と洋食を供するレストランと、落ち着いた雰囲気のバーも備えている。なかには個室もある。日銀の接客施設は、昭和40（1965）年の山一證券への日銀特融（特別融資）決定の舞台になったことで有名だが、こちらの鳥居坂分館もゲストをもてなす施設の役割を果たしている。施設のなかには和風の庭園があり、大きな樹木や池や芝生が広がる。速水優日銀総裁時代に、日銀にも再開発の話が届いていたというから、かれこれ10年以上前のことになる。

そして国際文化会館は、公益財団法人であり、日本と世界の文化交流と知的協力を通じて国際相互理解の増進をはかることを目的に、１９５２年に設立された。当初の支援者に米国のロックフェラー財団の名がみえることからも明らかなように、日米の懸け橋の役割を果たしてきた。その契機となったのは、１９２９年の太平洋問題調査会（ＩＰＲ）第３回京都会議でのジョン・Ｄ・ロックフェラー三世と松本重治との出会いである。

国際交流の「場」としては、１９５５年６月11日に開館し、世界各地からの知的・文化的指導者たちの出会う十字路として今日に至っている。松本たち準備委員会は、会館の敷地として、岩崎小彌太（三菱財閥創始者、岩崎彌太郎の甥）が戦前に所有していた、日本庭園のある３０００坪の閑静な都心の敷地を、当時の池田勇人大蔵大臣と交渉し、払い下げの認可を得た。

建物は第一線の日本人建築家３人、前川國男、坂倉準三、吉村順三の共同設計で１年余を経て竣工した。やや時代を感じさせるが、この会館の建物も落ち着いた佇まいである。それもそのはず、日本建築学会賞を受賞した本館は、２００６年８月に文化庁が指定する「登録有形文化財」に登録されている。江戸時代に多度津藩（現香川県）藩主京極壱岐守の江戸屋敷だった庭園は、広々としていて気持ちがよい。

鳥居坂をさらに下ると、右手にはマンションがある。最近の建物でないせいか、高層ではない。坂を下り切り、炭火焼きレストランのある角を右折し、芋洗坂の方に向かうと、焼き肉や中華料理店が目立ち、街の雰囲気はにわかに庶民的となる。すでに住民が立ち退いたからだろう、夕暮れなのに窓に灯りの見えない建物も、散見された。

テレビ朝日や六本木ヒルズがあるけやき坂を左にみて、飲食店が並ぶ芋洗坂を登り詰めると、そこは出発点のアマンド前となる。タウンウォッチしながら、再開発予定地をぐるりと回ったが、所要時間は約30分。このエリアに地区面積で東京ドームの約2倍の9・5ヘクタール、延べ床面積105ヘクタールの「六本木5丁目西地区」の再開発が行われることになるのだ。ちなみに1ヘクタールは「100メートル×100メートル」で1万平方メートルである。時計の針は午後7時を回っていた。

港区で10年間に1兆円の大型開発を手掛ける森ビル

港区内では10年で、10プロジェクト、総事業費1兆円を手掛ける――。森ビルの辻社長は「虎ノ門ヒルズ」が完成した2014年6月にそんな計画を打ち出していた。虎ノ門ヒルズ

図表10 森ビルの計画・進行中プロジェクト

（出所）森ビル2017年3月期決算「投資家説明資料」

は52階建てで環状2号線の真上に建設。6～35階のオフィス部分、37階以上は日本初進出となる高級ホテル「アンダーズ東京」と住宅が入っている。道路を含めた総事業費は約2300億円。

「虎ノ門ヒルズを起爆剤に五輪やさらにその先へ向けて都心の再開発を加速する」。辻社長はそう強調した。14年を起点に10年間かけて虎ノ門ヒルズの隣接地や六本木などで10件の大型再開発を推進する。計22ヘクタールの土地でオフィスや商業施設、住宅の複合ビルを建てる。延べ床面積は合計220ヘクタール、総事業費は1兆円という。

その言葉通り、15年7月には虎ノ門ヒルズの北側、9月には南側の都市計画決定を受けるなど、複数の開発を着々と進めている（図表10）。

カギはそのプロジェクトの資金調達である。事業の拡大とともに、森ビルの有利子負債は膨らんでいる。16年3月期末に1兆934億円と初めて1兆円の大台に乗せた同社の有利子負債は、17年3月期末時点では1兆1881億円とさらに増加している。その時点の総資産は1兆8885億円だから、総資産に対する有利子負債の比率は62・9％と6割を超えている。

一方、自己資本は4450億円なので、総資産に対する自己資本比率は23・6％。自己資本に対する有利子負債の倍率（デット・エクイティ・レシオ）は2・7倍にのぼる。同業他社に比べて、負債比率の高さが指摘されるが、事業を積極展開するうえで、負債はテコになるというのが、同社の考えである。景気回復の追い風を受けて、オフィスやマンションの空室率は低下傾向にある（図表11）。しかも保有するビルは優良物件が多いので、同業他社に比べても空室率は低い。

図表11 オフィスと住宅の空室率

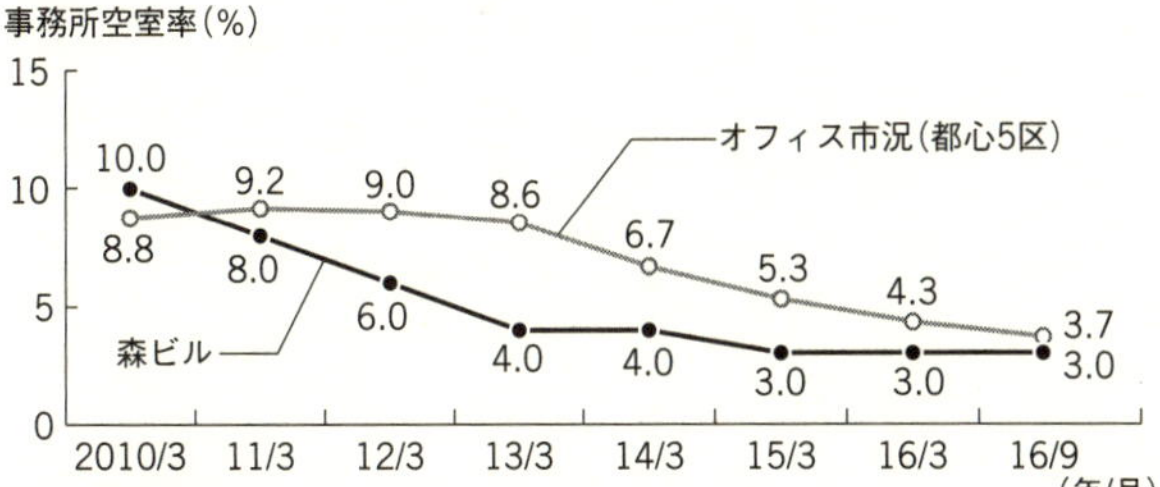

(出所) 三鬼商事㈱

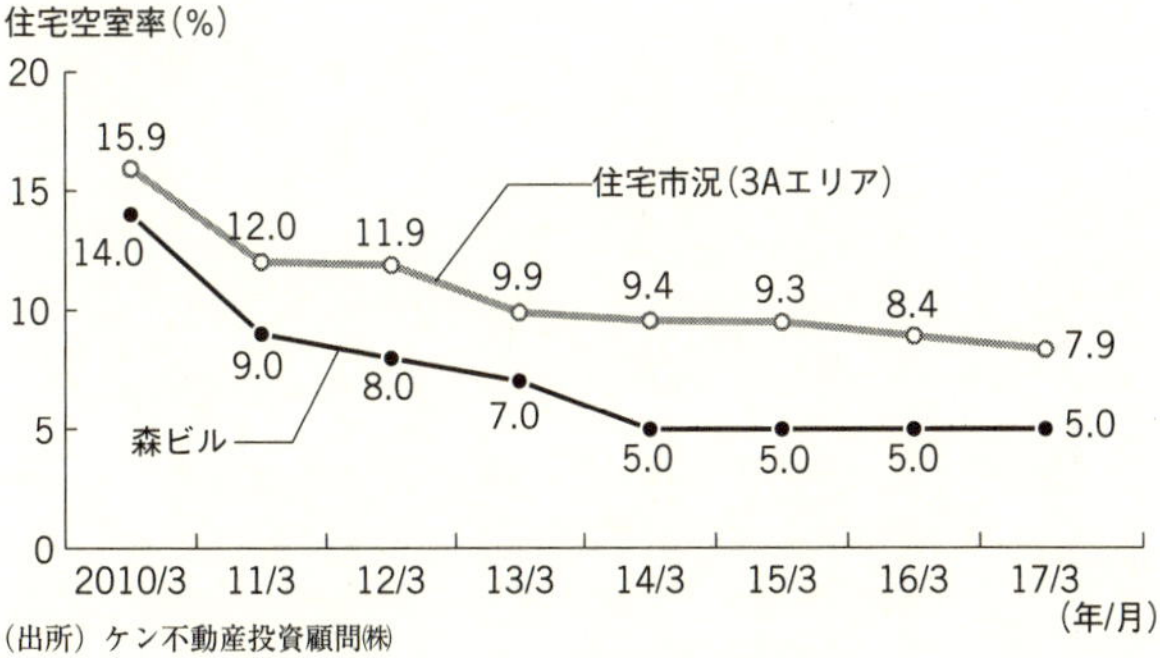

(出所) ケン不動産投資顧問㈱

(出所) 森ビル2016年9月中間決算、17年3月本決算「投資家説明資料」

金融緩和と都市再生特区が後押し

そして、日銀による金融緩和が負債のコストを押し下げている。17年3月期の支払利息は83億2700万円と、有利子負債が増えているにもかかわらず、前期比で17億2700万円軽くなった。受取利息は3億5800万円あるので、これを差し引いた純金利負担は79億6900万円となるが、有利子負債は1兆1881億円にのぼる。有利子負債に対する純金利負担の比率は、わずか0・67%にとどまる。純金利負担がこれだけ軽いからこそ、森ビルは積極攻勢をかけられるのである。

もうひとつ見逃せないのは、国や東京都、港区など行政による積極的な後押しだ。第1章でも紹介した「ギンザシックス」のオープニングセレモニー。安倍首相はこう述べて、辻社長に発破をかけている。「森ビルの辻社長は、確か3年前にアベノミクスのスタートと呼応する形で、10年間、10プロジェクト、そして1兆円の投資を宣言して頂きました。ぜひ1兆円にとどまることなく、さらに東京だけでなく全国に投資をしていただきたい。銀行関係者もたくさんいらっしゃいますから、しっかり辻さんの要望に応えてもらいたいと思います」

時に辻社長の方を向き、時に居並ぶメガバンクの首脳を意識しながらの、首相の軽妙な語り口に会場は笑いの渦となった。森ビルの経営陣は東京の夜景を見ながらそう語り、筆者にまんざらでもない表情を見せていた。都市再開発が政府の成長戦略にしっかり組み込まれている、といった自信の表れでもあろう。

大きな転換点となったのは、小泉純一郎政権の下で２００２年に制定された「都市再生特別措置法」である。都市は、人々の生活や経済活動の場を提供する「我が国の活力の源泉」と位置づけた。そのうえで、より快適に生活できる場を提供することで、都市の魅力を高め、資本や人材を呼び込み、産業の国際競争力を高める都市再生を目指したのである。

政令で指定した「都市再生緊急整備地域」（図表12）に対し、様々な支援措置を講じる。「都市再生特別区域」は、既存の規制を緩和する「特区」扱いとされ、既存の用途規制にとらわれず、自由度の高い計画を定められるようにした。つまり、容積率（敷地面積に対する延床面積の割合）の制限や高さ規制を緩和した。例えば日本橋２丁目地区では、８００％、７００％だった容積率を、１９９０％に引き上げた。道路上空利用のための規制緩和が図られ、道路の付け替え、廃道をせずに道路上空に建物を造れるようになった。これは虎ノ門ヒルズが有名だろう。この都市再生特別区域には、77地区が認定されている。

「民間都市再生事業計画」には出資や社債の取得、債務保証、無利子貸し付けなどの金融支

図表12　都市再生緊急整備地域の一覧

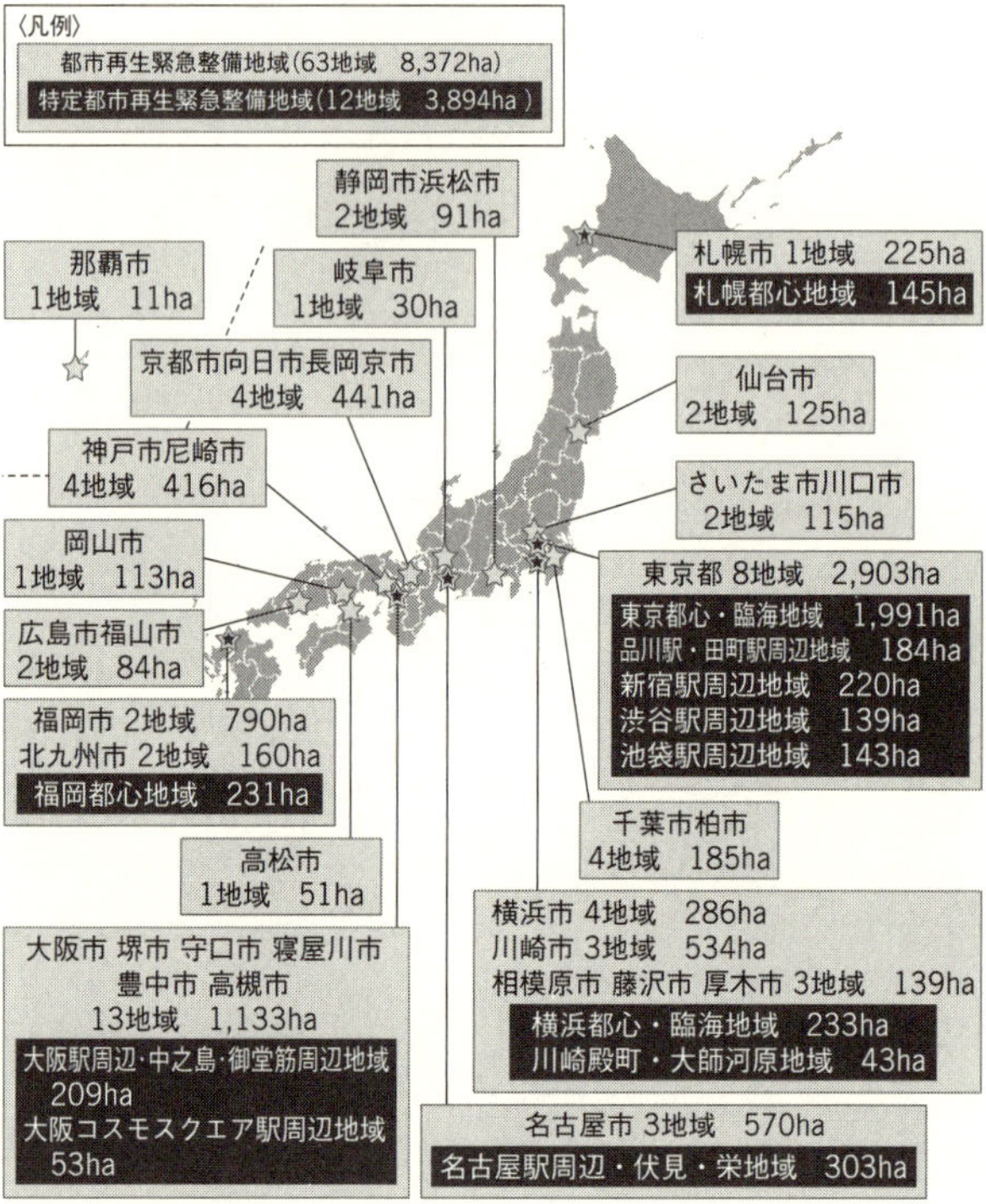

（出所）都市再生の推進に係る有識者ボード　評価手法検討ワーキンググループ資料（2015年10月29日）
1ha＝100m×100m＝0.01km^2
100ha＝1km^2

援が行われ、税制の特例措置を講じることになった。金融支援としては、民間都市開発推進機構によるメザニン（出資と融資の中間形態）支援を挙げておこう。事業リスクのクッション（緩衝材）となるので融資が得やすくなる。税制支援は図表14のような案配である。この民間都市再生事業計画には、80計画が認定された。

こうした措置が講じられることになった背景には、バブル崩壊以降、地価の下落に歯止めがかからない状況があり、資産デフレを食い止める必要があった。少子高齢化や情報化が進み、社会・経済環境が激変するなか、産業構造を転換しなければ生き残れない、との認識も強まっていた。そして、災害に対する脆弱性、断片的な国土利用、慢性的な交通渋滞といった、大都市の負の遺産の是正が迫られていた。

都市再生緊急整備地域は政令で全国63地域、8372ヘクタールつまり83・72平方キロメートルが指定された。山手線の内側が63平方キロメートルで、香港島が80平方キロメートルだから、それらを上回る規模感といえようか。うち東京都は8地域、2903ヘクタールと、面積にして全体の34・6％を占める（図表13）。この整備地域のなかでも、都市の国際競争力の強化を目指し、「特定」のカンムリのつく特定都市再生緊急整備地区は、全国で12地域、3894ヘクタール。うち5地域は東京都内にあり、以下の通りである。

図表13　東京の指定地域はこんなところ

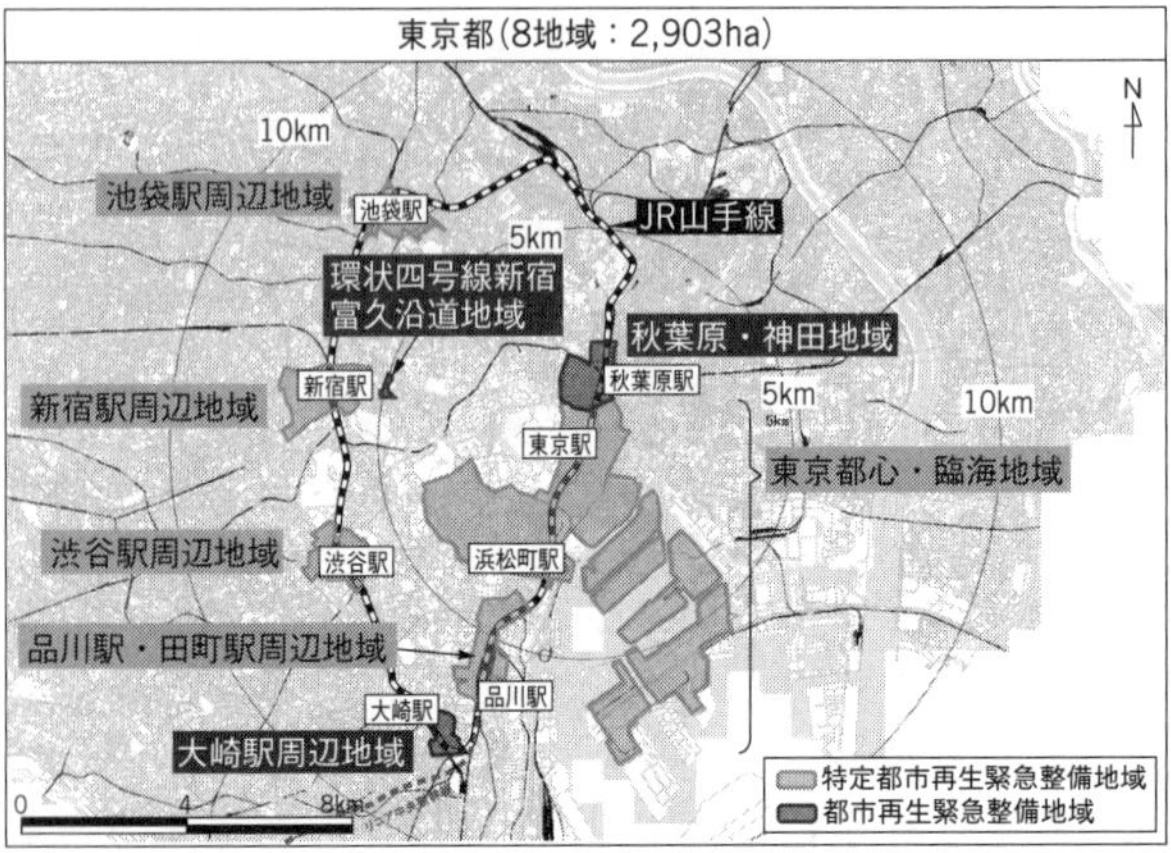

（出所）都市再生の推進に係る有識者ボード　評価手法検討ワーキンググループ資料（2015年10月29日）

図表14　都市再生緊急整備地域への税制上の支援

	整備地域	特定整備地域への特例
所得税・法人税	5年間3割増しの償却を容認	5割増しまで容認
登録免許税	建物の登録登記について、4/1000を3.5/1000に軽減	2/1000まで軽減
不動産取得税	課税標準を1/5控除	1/2まで控除
固定資産税・都市計画税	5年間課税標準を市町村で定める割合に軽減	同左

（出所）都市再生の推進に係る有識者ボード　評価手法検討ワーキンググループ資料（2015年10月29日）

東京都心・臨海地域……1991ヘクタール、品川駅・田町駅周辺地域……184ヘクタール、新宿駅周辺地域……220ヘクタール、渋谷駅周辺地域……139ヘクタール、池袋駅周辺地域……143ヘクタール。

都市再生事業の具体例として国土交通省などが真っ先に挙げるのは、「環状第2号線新橋・虎ノ門地区」つまり「虎ノ門ヒルズ」である。この事業は総面積1991ヘクタールに及ぶ東京都心・臨海地域の一角に属し、14年6月に開業した。敷地1・7ヘクタール、建物は約24万平方メートル。森ビルが再開発し、ビルの地下を通る道路は東京都が開発した。民間都市再生事業計画による税の優遇措置が講じられている。

一般的にいって、都市再開発事業では、市街地の高度利用が柱となる。高度利用とは要するに、低い住宅に住んでいる人たちの敷地を共有化して、高い建物を造ることである。その際、住民の土地や建物の権利は、原則として等価で新しいビルの床（権利床）に置き換えられる。そして高度利用で新たに生み出された床（保留床）を処分して、新しいビルの事業費（収入）に充てる。

住民に対しては、税制上のメリットも用意されている（図表14）。つまり、再開発ビルに権利転換した場合には、財産の売買がなかったものとみなされるので、所得税や不動産取得税がかからない。また登録免許税や印紙税も免除される。

地権者である住民は、権利の転換によって資金負担をせずに新たな再開発ビルの床を取得できる。事業に必要な資金については、国や地方自治体から補助金が支給される。都市再生特別措置法は、こうした再開発事業を一段と優遇しようというものである。安倍政権は地方創生を掲げるが、小泉政権から続く大きな流れは都市に向かっているとみるべきだろう。

五輪施設工事は10兆円規模と日銀

建設ブームは東京五輪がひとつの目標である。日銀が15年12月時点でまとめた東京五輪の経済効果の試算によれば、五輪関連の建設工事は10兆円規模が見込まれる（図表15）。

会場設備や宿泊施設もさることながら、首都圏3環状線、羽田・成田連絡線など交通網の整備で2兆円。日本橋・銀座（デパート建て替えなど）、品川・田町（山手線新駅開業）、新宿・渋谷・池袋（新宿西口・渋谷駅・池袋西口再開発）など各種の再開発で4兆円。臨海部カジノで0・8兆円などのプロジェクトが見込まれている（図表16）。

オーストラリアや英国といった過去のオリンピック開催国の例が示すとおり、関連施設建設はオリンピック開催前の竣工を目指すため、進捗ベースの建設投資は、開催年の約2～3

図表15　五輪関連の建設投資

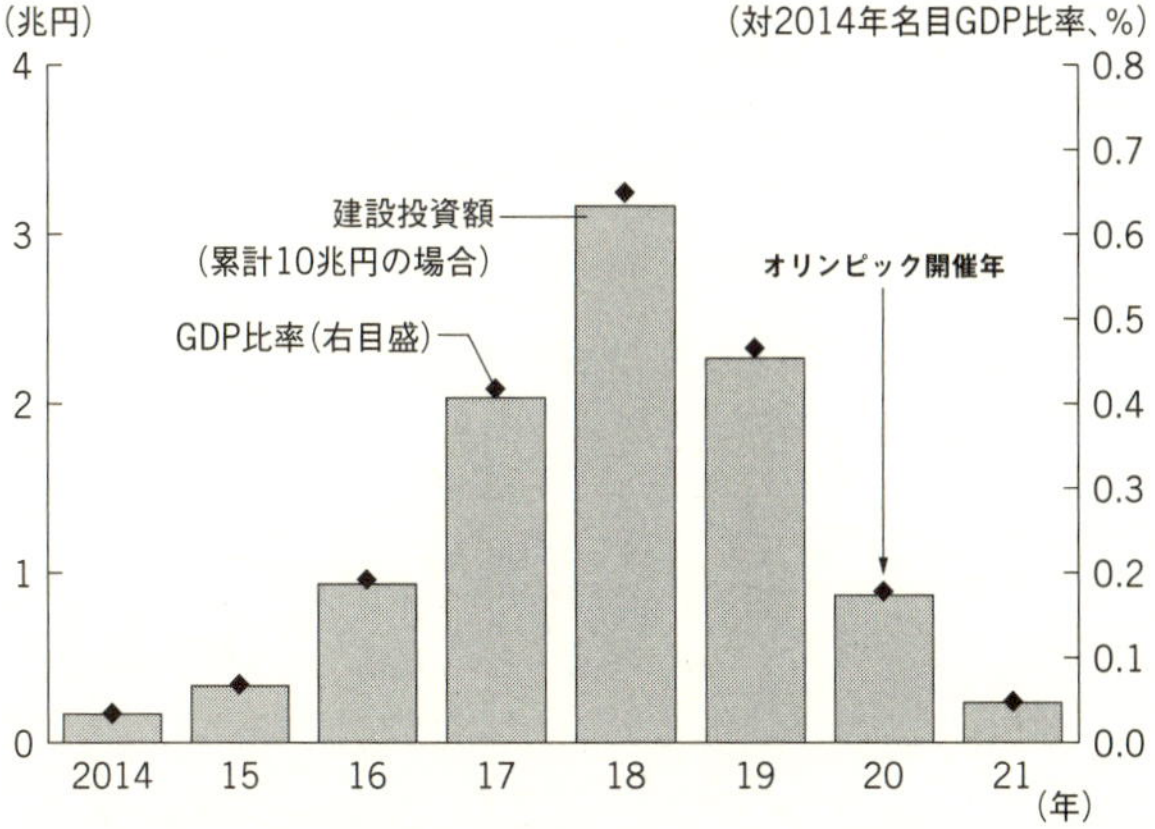

(注) 発現タイミングは、シドニーオリンピック時のパターン（Madden and Crowe [1998]、主に会場施設建設）を参考にして試算。
(資料) Madden and Crowe [1998]、内閣府など
(出所) 日銀「2020年東京オリンピックの経済効果」(2015年12月)

年前に大幅に増加する傾向がある。これを東京五輪に当てはめると、日本では17〜18年頃に建設投資が大きく増加する。仮に累計投資額を10兆円程度と考えると、17〜18年にかけて、GDPの水準は14年対比で0・4〜0・6%ポイント程度押し上げられる。日銀はそんな試算をはじいている。

もっとも、再開発の4兆円のなかには築地市場の豊洲への移転も含まれており、その行方は未知数。臨海部カジノについても計画の段階で、捕らぬ狸となる可能性も否定できない。それにしても、東京の街を歩いてみれば、建設途上のビルがニョキニョキと空に伸

図表16　東京五輪関連の建設プロジェクト

		案件名	事業規模	着工開始（予定含む）	完成目途	詳細・進捗等
会場設備		オリンピックスタジアム	上限1550億円	未定	2020年	計画検討中
会場設備		競技施設・選手村	約0.3兆円	2016年頃	2019年	計画検討中
宿泊		民間ホテル	約0.8兆円	2015年	2020年	老舗ホテル改修、都心新規開業
その他プロジェクト	交通	首都圏3環状線	約2兆円	2000年	2020年	神崎IC～大栄JCT開通（15/6月）
その他プロジェクト	交通	羽田成田直結線等	約2兆円	未定	2020年頃	計画検討中
その他プロジェクト	再開発	豊洲・築地	約4兆円	2014年	2016年	築地市場の豊洲への移転
その他プロジェクト	再開発	日本橋・銀座	約4兆円	2014年	2018年	デパート建て替え等
その他プロジェクト	再開発	品川・田町	約4兆円	2016年頃	2020年	品川～田町間に山手線新駅開業
その他プロジェクト	再開発	新宿・渋谷・池袋	約4兆円	2014年	2020年頃	新宿西口・渋谷駅・池袋西口再開発
その他プロジェクト		臨海部カジノ	約0.8兆円	未定	―	計画検討中

（資料）報道情報、日経ＢＰ［2015］、三菱 UFJ モルガンスタンレー証券［2013］、みずほ総研［2014］、各社リリースなど
（出所）日銀「2020年東京オリンピックの経済効果」（2015年12月）

びていることが分かるだろう。その工事がピークを迎えるのは、17年から18年にかけてである。

五輪開催後には相応の反動減が生じることは避けられまいが、建設投資のブーム・アンド・バースト（膨張と崩壊）による経済の振幅をいかに軽減するかは、今後の重要な課題となる。東京の都市としての魅力を高めていく努力が欠かせない。訪日観光需要の増加を五輪による一過性のものとせず、持続力のあるも

のにしていく取り組みが大きなカギを握る。

リレハンメル（ノルウェー）冬季五輪の経験は示唆的である。すなわち、リレハンメル五輪の開催は、ノルウェーの観光客の増加に寄与したものの、メイン会場があったリレハンメル市の魅力は期待ほど高まらなかった。五輪特需がはげ落ちた後は、市内のホテルの40％が倒産したという。

前車の轍を踏まないためにも、比較的成功した事例を点検してみる必要がある。五輪に関連した再開発としては、バルセロナとロンドンが参考になる。バルセロナは、五輪開催決定の1986年から旧市街地の再開発に着手した。歴史的建造物を保全しつつ、公園や通りなどオープンスペースの整備や美術館・劇場の新設を行うことで、旧市街地を文化拠点・観光スポットに再生した。

ロンドンは、地域再生を企図し、ロンドン東部地区を五輪のメイン会場に指定した。五輪開催前に整備した交通網を活かし、開催後には、①選手村を居住コミュニティに改修し、②メディアセンター跡地を中心としてデジタル産業・メディア産業を集積させ、雇用の創出を目指すなど、再開発を進めた。

規制緩和によって民間の活力をつかい、新たな需要を創出した例としては、シドニー大会のオーストラリア、北京大会の中国、ロンドン大会の英国がある。オーストラリアでは、1996年に空港法を改正し、国有公社所有の全空港が民営化された。地域の観光需要に合わせてLCC誘致やターミナルの改修が行われた。その結果、多くの空港で乗降客数が大きく増加した。

中国では、2005年に外国企業の独立資本によるホテル設立が解禁された結果、外資系ホテルが数多く参入した。開催後も、大規模商業施設やオフィスビルに隣接した高級ホテルの新規開業が多数みられる。

英国では、有識者による特別委員会を設け、観光産業の発展を妨げている関連規制の洗い出しが行われた。例えば、大型小売店の日曜日営業規制については、五輪期間中に一時的に緩和した結果、需要拡大につながったと評価されており、現在、同規制を恒常的に緩和する方針となっている。

五輪後の反動減は大丈夫か

こうした都市の質を高める努力は欠かせないが、とりあえず五輪で国内総生産（GDP）がどのくらい押し上げられるか。建設投資を10兆円と見積もった日銀は、五輪需要は15～18

年の実質GDP成長率を年平均0・2～0・3％引き上げるという。

とりわけ上振れ効果の大きいのは18年で、GDPの水準を約1％（5兆～6兆円）かさ上げする。雇用創出効果も18年が最大で73万人にのぼる。この年は人手不足が際立つことになるので、女性や高齢者ばかりでなく外国人労働者の活用や企業の省力化投資が待ったなしとなる。

五輪のメイン会場となる東京都は17年3月6日、五輪・パラリンピックが全国に及ぼす経済効果を発表した。それによれば、大会招致が決まった13年から大会10年後の30年までの18年間で約32兆3000億円の経済効果があるという。経済効果は、競技会場の整備、警備、輸送を含む大会運営費といった「直接的効果」と、交通インフラ整備、バリアフリー対策、訪日観光客の増加、競技会場の活用などによる「レガシー（遺産）効果」に分けられる。

直接的効果が約5兆2000億円、レガシー効果は約27兆1000億円と見込んでいる。両者を合わせた経済効果である約32兆3000億円のうち、13年から20年までの大会までの8年間で約21兆円、21年から30年の大会後10年間で約11兆円となる。「ロンドン大会を参考にすると、五輪の経済効果は大会後10年くらいは続く」とみてのことだ。

都市再開発をテーマとした建設投資を加えていないなど、東京都の試算は日銀とはカバーする範囲が異なる。それにしても、32兆円余りという五輪の経済効果の試算は大きめの印象がぬぐえない。東京都の試算では大会後、10年間にわたるレガシー効果を、直接的効果より大きくみているのも目をひく。

実は東京都は5年前の12年にも東京大会の経済効果を試算している。その際の試算額は約3兆円、今回の試算の10分の1にとどまる。競技会場の整備費や大会運営費など経費全体が膨らんだのに合わせて、結果的に今回の試算では五輪の経済効果を水増しさせたようにもみえる。

前回は試算に入れていなかった大会後のレガシー効果をはじいたことで、結果的に経済効果は急膨張した。ただし大会後の景気が反動減に見舞われたり、競技施設の維持管理費がかさんだりした場合には、レガシー効果どころかレガシー・コストとなって、納税者にはね返ってくる。

12年の経済効果は石原慎太郎都知事の時代の試算。今回は小池百合子知事の下での試算。2人は天敵の関係にあるが、どちらの試算が実態を表しているかは、東京五輪がバブルになるかどうかを占う試金石ともなろう。

巨大なプロジェクト向けには銀行からの融資が流れ込んでいる。銀行の貸し出し姿勢はバブル期以来の積極性を示している。不動産市場においては、今後、リスクプレミアムの過度な縮小が生じないか、注意深く点検していく必要がある——。

17年4月の「金融システムレポート」で、日銀は注意を促す。過熱感の兆候を示す金融活動指標についても、「不動産業実物投資の対GDP比率や貸出態度DIは『赤』に近い『緑』」とも指摘する。

2%インフレの早期達成が見通せず、内需拡大が大きな課題となる。そんな状況では、景気が暖まってきても、日銀は金融緩和を継続することになろう。いきおい、だぶついたマネーは不動産に流れ込みつつある。とはいえ、都会から地方まで不動産市場に資金が流れ込んだ1980年代後半のバブル時代と異なり、今回は物件や地域ごとにクッキリとした明暗がついている。人口減少に伴う住宅需要の減少で「不動産の9割が下がっていく」(長嶋修『不動産格差』〈日経プレミアシリーズ〉)といった専門家の指摘が聞かれるなかで、全国一律に不動産バブルが再燃するとは考えにくい。

上値の重いＲＥＩＴ価格

しかも今や不動産は、不動産投資信託（ＲＥＩＴ）という入れ物（証券化商品）に組み入れられることによって、物件ごとに厳しい採算のふるいにかけられることになった。投資家の資金と銀行などからの借入金を元手に、不動産を購入するのがＲＥＩＴの基本的な仕組み。購入した不動産を誰かに貸すことで、テナント料（貸賃）を収入として得る。

もちろん、ＲＥＩＴは不動産の大家となって賃料というインカムゲイン（資産所有に伴う収益）を得るばかりでなく、誰かに売って売却益（キャピタルゲイン）を得たりもする。ＲＥＩＴはその賃料収入や売却益を、投資家に支払うのである。分配金と呼ばれ、株式会社の配当金のようなものである。

多くのＲＥＩＴは株式と同じように東京証券取引所に上場され、上場銘柄数は17年4月末現在で58を数える。ＲＥＩＴの時価総額は4月末時点で11兆６６００億円にのぼる。このＲＥＩＴがオフィスビル、商業施設、物流倉庫、ホテルなどの大家として台頭しているのである。

投資資金がＲＥＩＴ市場に流れ込み、ＲＥＩＴの価格が高騰している。今やＲＥＩＴバブルが起きている――。そう言い切れれば、本書のタイトルにピッタリなのだが、読者の皆さまに「偽ニュース」を流すわけにはいかない。REITの価格（東証REIT指数）は12年末のアベノミクスの登場以来、14年末までの2年間は高騰した。指数はその間に1000から2000へと2倍になった。

ところが、15年以降は2000の天井が厚く、頭打ちになっている。何やら日経平均株価の値動きに似ているが、REITの価格水準は割安なのか、それとも割高なのか（図表17）。割安、割高を測る物差しのひとつに「REITの分配金利回り－10年物国債の利回り＝リスクプレミアム」がある。リスクプレミアムは、リスクに対して投資家が求める超過収益である。三井住友トラスト・アセットマネジメントによれば、REITのリスクプレミアムは図表18のようになる。

小泉改革を追い風に不動産市場がいったん元気を取り戻した05年から07年にかけて、REITのリスクプレミアムは平均1・7％だった。それに対しアベノミクスが始動した12年12月以降のリスクプレミアムは平均2・9％にのぼる。足元の17年3月末時点では、REITの配当利回りが3・4％、国債利回りが0・1％だから、リスクプレミアムは3・3％である。リスクプレミアムが高いということは、それだけ価格は割安に抑えられている

図表17　足踏みする東証REIT指数

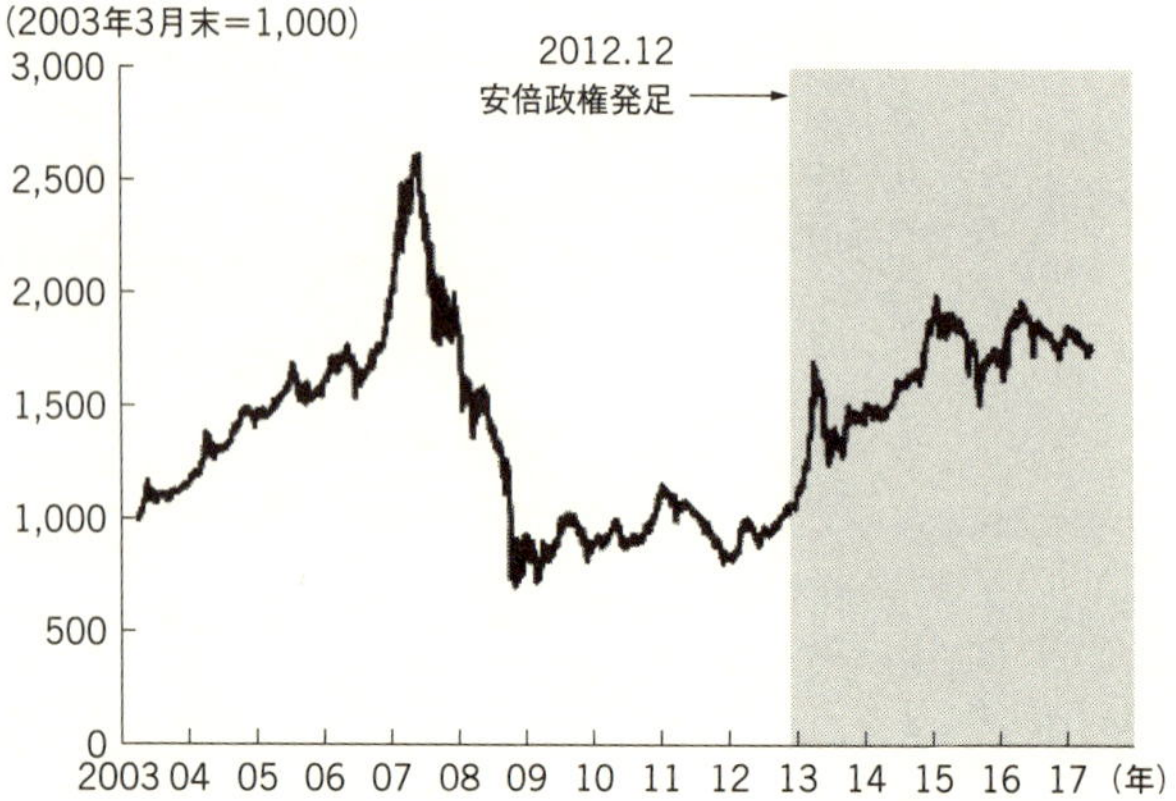

図表18　J-REIT配当利回りと10年国債利回りの格差（リスクプレミアム）の推移

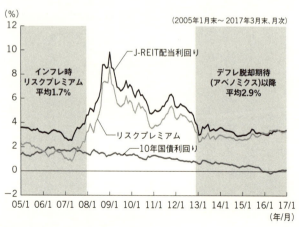

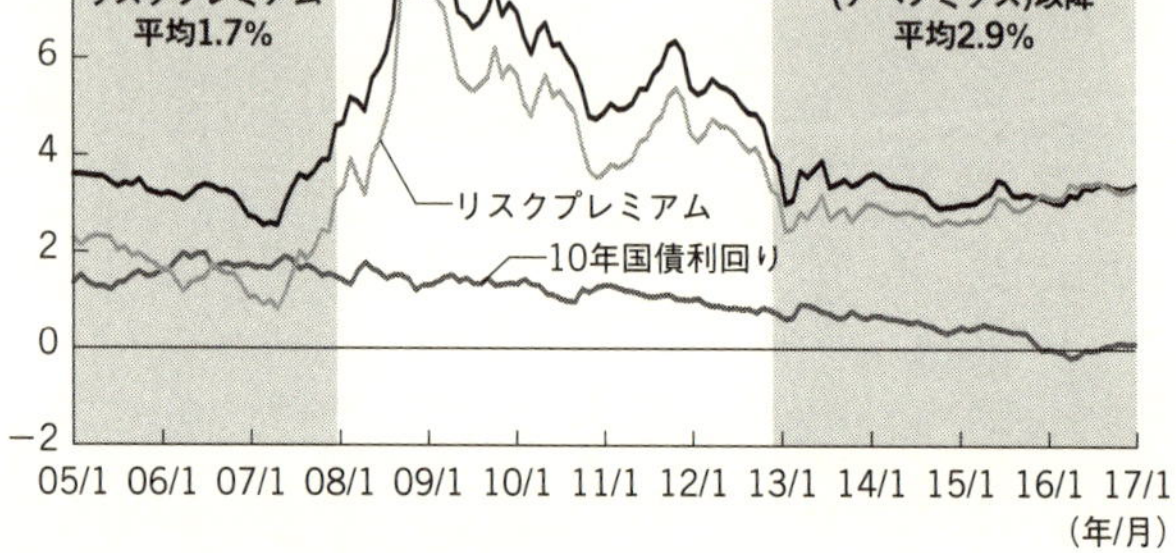

（出所）Bloombergのデータを基に三井住友トラスト・アセットマネジメント作成

勘定になる。

海外と比較してみよう。17年3月末時点のＲＥＩＴのリスクプレミアムは、米国が１・6％と主要国で最も低く、オーストラリアの１・９％、英国の２・６％と続く。いずれも日本に比べて低く抑えられている。リスクプレミアムが日本より高いのは、経済の停滞が目立つフランスの３・９％くらいである。

日本のＲＥＩＴを取り巻く外部環境は決して悪くないのだが、価格が割安にとどまっているのにはそれなりの理由がある。一言でいえば、不動産の需給関係。東京五輪を控えた建設ブームで、オフィスビルや商業施設の「供給」が増加すると見てのことだ。供給増を見越して、どうしてもＲＥＩＴの価格の上値は重くなる。

日銀の持ち分はバチカン市国の3倍強

とはいえ、ＲＥＩＴの価格は値崩れしない。「需要」の面で日銀という大いなる買い手がいるからだ。日銀は金融緩和政策の一環として、ＲＥＩＴを年間９００億円ペースで増えるように買い入れを実施している（図表19）。16年5月には12銘柄で保有比率が５％を超え、ＲＥＩＴの保有では初めて大量保有報告書を提出していた。

図表19　大家になっていく日銀（拡大する日銀のREIT保有額）

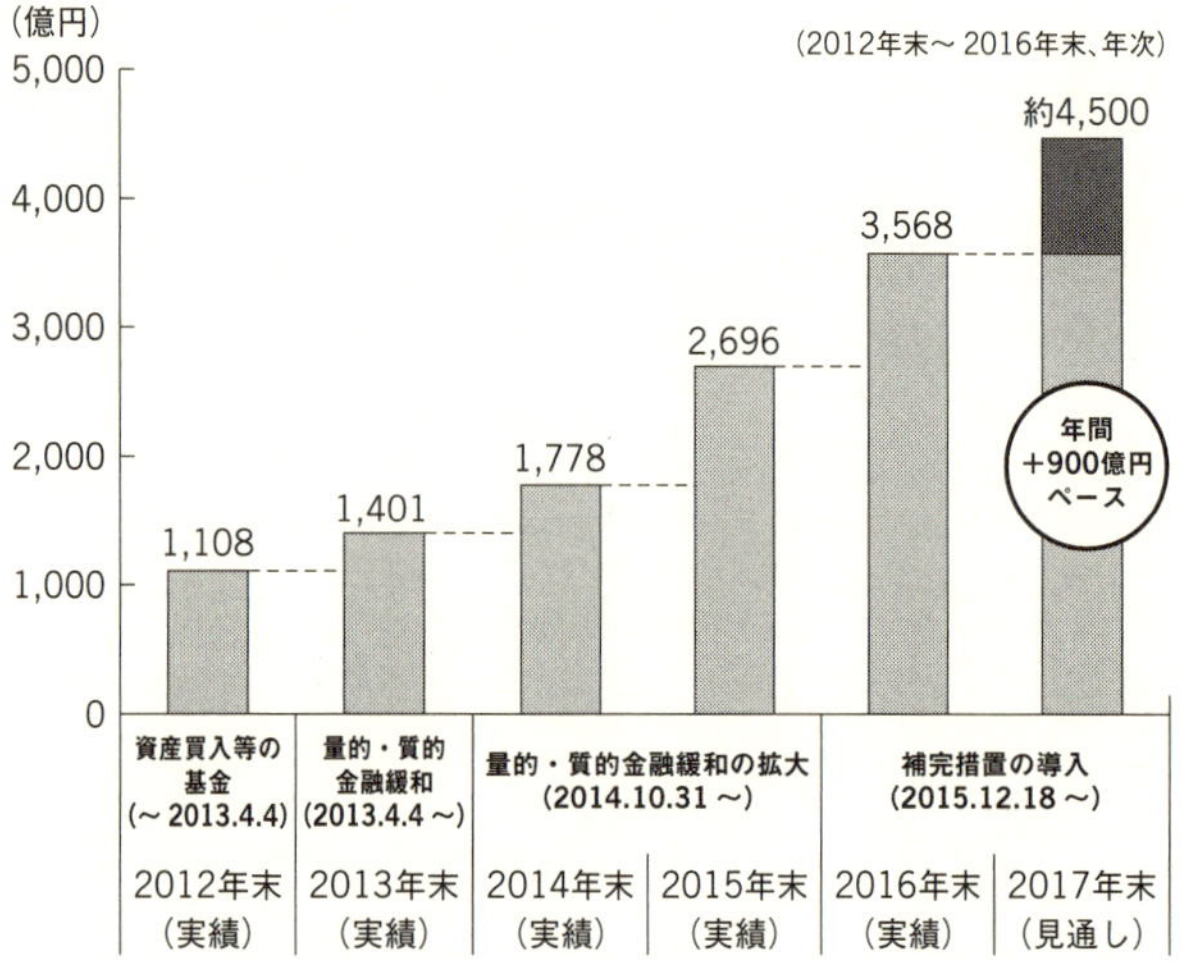

（出所）日銀の発表資料を基に三井住友トラスト・アセットマネジメント作成

日本アコモデーションファンド、産業ファンド、アドバンス・レジデンス、ジャパンリアルエステイト、日本プライムリアルティ、東急リアル・エステート、ユナイテッド・アーバン、フロンティア不動産、日本ロジスティクスファンド、福岡リート、大和ハウス・レジデンシャル、ジャパンエクセレント、の各投資法人である。

ブルームバーグニュースによると、日銀が購入している銘柄の一つ、日本プライムリアルティ投資法人は、みずほフィナンシャルグループなどが入居する「大手町タワー」

図表20　2030年の東京を散歩すると

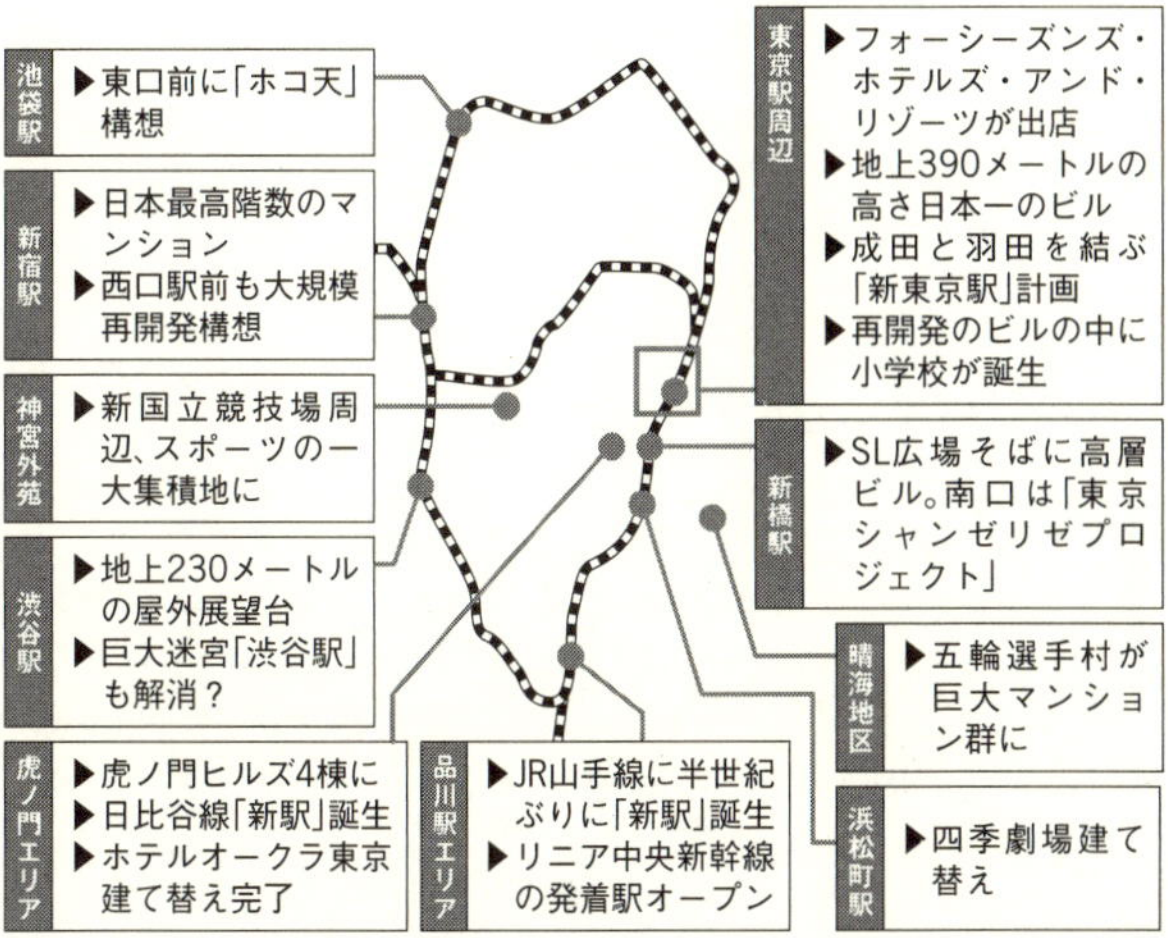

（出所）「ポスト五輪の東京再開発」『日経MJ』2016年8月22日

の底地を保有するほか、１９８４年の映画でゴジラが現れた西新宿の「新宿センタービル」、「ＪＰＲ渋谷タワーレコードビル」なども組み入れている。日銀はこれら物件の実質的なオーナーの一つだという。

さらに、ブルームバーグが試算したところでは、日銀が保有するＲＥＩＴの持ち分は最大でビル１０７棟相当に上る。延べ床面積は最大１・４平方キロメートル相当と、世界最小国家であるバチカン市国の０・44平方キロメートルの３・18倍になる。この試算をした記者には、座布団１枚を進呈したい。

17年4月20日には保有割合が6％以上に増えた5銘柄について変更報告書を提出した。保有割合がほかに6％を超えたのは、ジャパンリアルエステイト、東急リアル・エステート、日本ロジスティクスファンド、福岡リート、日本アコモデーションファンドの各投資法人である。株式市場同様に、ＲＥＩＴ市場でも、日銀は池の中の鯨のような存在になりつつある。

オフィスの空室率が低下し、賃料は上昇基調にある。公示地価でみた不動産価格も上向いてきた。不動産をめぐるファンダメンタルズの好転がＲＥＩＴの価格を下支えしている面もある。それにしても、東京五輪を越えて再開発の波は続く。「ポスト五輪の東京再開発」と題した『日経ＭＪ』（16年8月22日付）の記事は、「２０３０年の東京」の街歩きをイメージしたものだ（図表20）。

人口減時代に新たな需要は生まれるか

東京モノレールの発着駅のある浜松町。会計不祥事に揺れる東芝の本社ビルを、野村不動産などが五輪後に再開発する。周辺の運河に船着き場も造る。ここで乗船し、品川方面を見ると、これまでなかった高層ビル群が見えてくる。ＪＲ山手線の「新駅」。かつての車両基地に、六本木を上回る街が誕生する。街開きは23年度ごろからで、7棟のビルが建つ予定だという――。

こんな風に未来の散歩は始まり、「新駅」の隣の品川駅、汐留、新橋駅西口、湾岸地帯、日本橋、東京駅と続く。27年にはリニア中央新幹線の品川駅がオープンするし、今は赤提灯の並ぶ新橋駅西口の「SL広場」の近くも20年代半ばには再開発される。日本橋の上空を走る首都高速道路も地下化の方向で検討中。東京駅北の常盤橋地区には27年に高さ390メートルの超高層ビルが建つ。

バブル期に浮上した「東京マンハッタン計画」が30年を経てよみがえろうとしている。ざっと数えて30年ごろまでに35の超高層ビルが誕生している勘定である。もっとも団塊の世代が後期高齢者となる25年以降は、人口の高齢化がぐっと進む。人口も減少カーブを描き、国立社会保障・人口問題研究所の中位推計によれば、30年の日本の総人口は1億1912万人になる見込み。

15年の総人口は1億2709万人だったから、15年間で800万人近い人口減少が予想される。総人口に占める65歳以上の割合は、15年の26・6%から、30年には31・2%と3割を超える。

東京マンハッタンには誰が住み、どんなオフィスが入居するのだろうか。その資金はどうやって捻出し、どう回収するのだろうか。バブル期には地価の上昇神話が変わらないことを前提にして、躓いた。今の地価にはそうした無理がないとしても、問題は需要そのものの先行きにあると言わねばなるまい。

第 3 章

熱狂なき市場のゆがみ

アパートローンやタワーマンションのバブル化が指摘されている。金融庁や日銀も銀行の不動産関連融資に目を光らせているが、問題は銀行だけにとどまらない。節税目的の資金が、この分野に流れ込んでいるのだ。ならば、そのカラクリはどうなっているのか。

消費者金融を押しのけるような銀行によるカードローンビジネスの拡大、新規の投資先を求める個人投資家の間で人気を集めるＡＩ（人工知能）ファンド。少しでも成長の見込めそうなビジネスには、お金が殺到する。

その一方で、内外の株式市場や債券市場には、奇妙な訳知り顔の静寂も漂っている。お金の運用を任される入れ物として急拡大したＥＴＦ（上場投資信託）が、カネ余りのなかでむしろ市場機能を低下させる。熱狂なき市場のゆがみとは何か。

ホットスポットに向かう節税マネー

アパートローンとタワーマンション投資。折に触れて取り沙汰される、金融活動のホットスポットである。

「1棟3億円くらいのマンション、3棟ないかなあ」。2017年初め、不動産仲介のオフィスR&M（東京・中央区）の宮本正好社長のもとにこんな電話がかかってきた――。相続税対策のための不動産投資を取り上げた『日経産業新聞』（17年4月20日）の記事はこんなエピソードから始まる。

起点は15年1月からの相続税の課税強化である。相続税は、相続する財産にまるまるかかるのではなく、基礎控除という仕組みがある。14年末までの基礎控除の金額は「5000万円＋法定相続人1人当たり1000万円」となっていた。その基礎控除額が15年初めから「3000万円＋法定相続人1人当たり600万円」に圧縮された。

子供のいない夫婦で、夫が死んで妻が遺産を全額相続する場合、従来なら「5000万円＋1000万円＝6000万円」までなら、相続税がかからずにすんだ。それが税制改正に伴って、「3000万円＋600万円＝3600万円」の遺産があると、相続税がかかるよ

図表21　相続税の超過累進制度

課税価格（円）	税率（％）
～1,000万	10
～3,000万	15
～5,000万	20
～1億	30
～2億	40
～3億	45
～6億	50
6億～	55

（出所）財務省

うになった。基礎控除が6000万円から3600万円へと4割も圧縮されたことで、相続税はぐっと身近な税となった。

　遺産を受ける人（被相続人）100人のうち、相続税の課税対象になった人は、14年の4・4人から15年には8・0人に増加した。相続税がかかるといっても、控除額を上回る部分（課税部分）だけではあるのだが、実はその税率は「超累進税率」となっている（図表21）。図表21を基に計算すると、遺産4000万円のケースでは、4000万円から3600万円を控除した400万円に10％なので、40万円の課税となる。遺産全体に占める割合は1％にとどまる。

　ところが1000万円を超え3000万円までの課税部分に対する税率は15％となり、3000万円を超え5000万円までの課税部分への税率は20％……と上がっていく。そして課税価格が6億円を超えると、相続税の税率は実に55％となる。相続税の課税強化は資産家たちの節税意識に火を付けた。

アパート建設やタワマン投資ブームの引き金に

不動産コンサルティングのさくら事務所（東京・渋谷、大西倫加社長）によると「現金で持っているより不動産に転換した方が相続上、メリットが大きい」。土地にすれば20％、建物を建てて貸し出したとすると、最大60％が課税評価額からそれぞれ差し引かれる。ここがポイントだ。その前提の下に、前出の記事は次のような試算を紹介する。

ケース①…相続人が2億円の預金を持っていた場合。

Ⓐ税控除はないと仮定すれば、2億円の預金にはまるまる課税される。

Ⓑその預金で土地と賃貸用の建物を買ったらどうだろう。土地と建物に半分ずつ割り振ったなら、課税評価額は土地が「1億円×80％＝8000万円」、建物が「1億円×40％＝4000万円」で、合わせて1億2000万円となる。単純計算で納税額は40％少なくできる。

ケース②…評価額が5億円の土地を持っていた場合。

Ⓐ先述のように、土地の税額控除は20％だから、残り80％に相当する分、つまり「5億円

×80％＝4億円」には相続税がかかる。そこで、次のような節税対策を施す。

Ⓑ土地を売って5億円の資金をつくり、銀行から借りた3億円と合わせて8億円のマンションを購入する。「土地売却代金5億円＋銀行借り入れ3億円＝マンション購入代金8億円」という具合だ。

ⓒそのうえで、このマンションを賃貸に出す。その場合のマンションの課税評価額は「8億円×40％＝3億2000万円」。一方で、銀行には3億円の借金をしている。このため、課税対象となる金額は「資産3億2000万円－負債3億円＝2000万円」で、わずか2000万円にしか相続税はかからない。

相続税の節税をめぐるこのカラクリこそが、賃貸アパート建設やタワーマンション投資ブームの原動力なのである。短期的には、相続・被相続人、銀行、建設・不動産業者の間には、〝三方一両得〟のような構図が成立する。相続・被相続人には節税のメリットがある。銀行は融資を増やすことができ、金利収入を得られる。建設・不動産会社はアパートやマンションの建設という本業が潤う。

節税マネーの流入を取り込むため、大手不動産会社はタワーマンションを積極的に供給する。不動産経済研究所によれば、「17年はタワマンラッシュになる可能性が高い」という。

図表22　高騰する高級マンションの価格

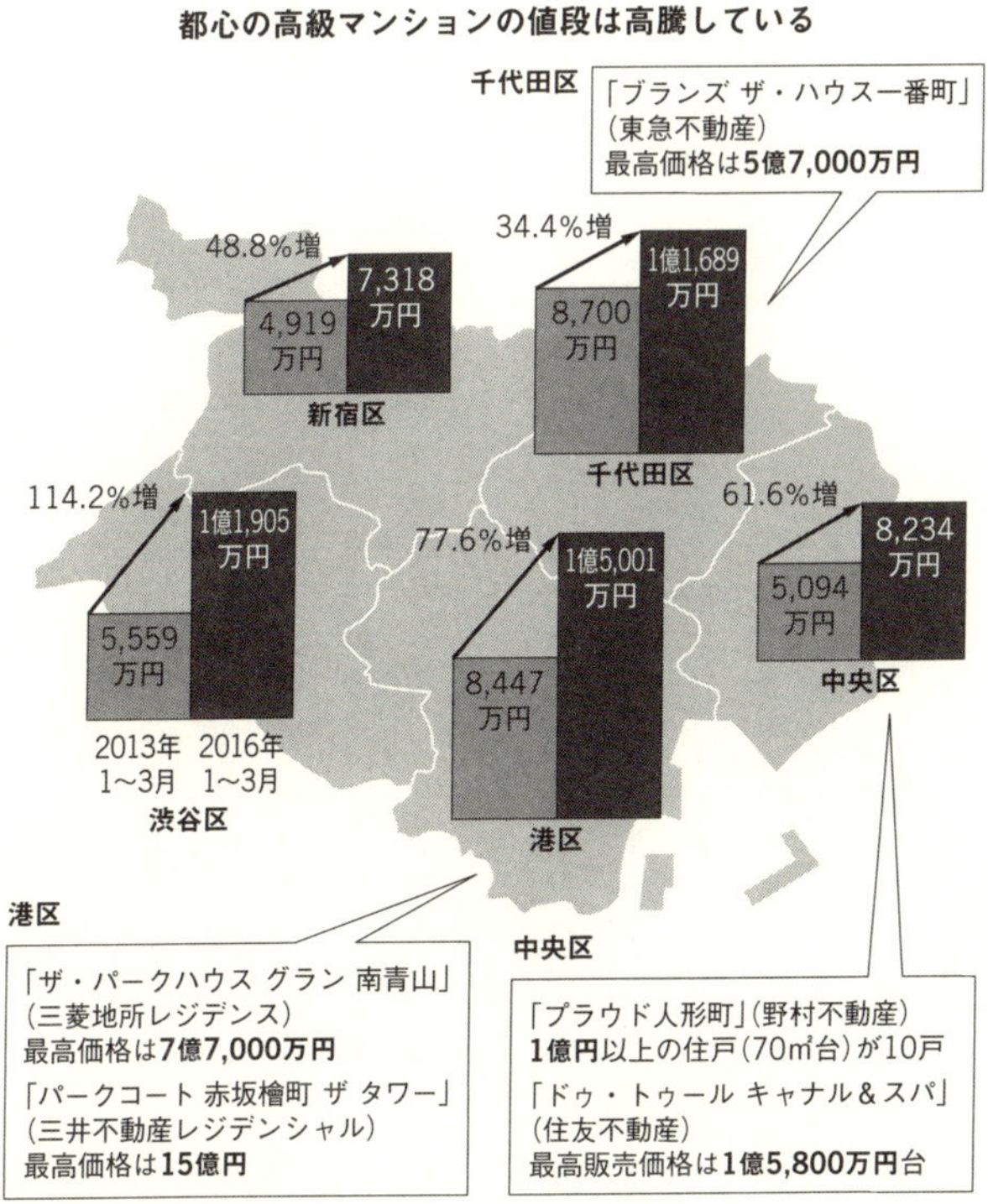

（注）行政区の価格は新築マンション1戸当たりの平均価格。東京カンテイ調べ。物件名は15年中に販売されたマンション
（出所）『日経産業新聞』2016年5月16日付

高層階ほど節税効果

ところで、タワーマンションの税額の決め方にも、高層階への投資をあおるようなゆがみがある。現状では、マンション1棟の価値を評価し、固定資産税額を計算している。そのうえで、各部屋の持ち主（区分所有者）の専有床面積によって案分している。

眺望も良く価格の高い高層階も、相対的に価格の低い低層階も、床面積が同じであれば、税額は同じという扱いになる。いきおい、節税意識の高いマネーは高層階の投資に流れ込む。

そこで18年度から固定資産税を見直すことになった。実際の取引価格の傾向を踏まえて、税金を案分することにした。高層階は値段も高く、低層階は値段も低くという、階層別の補正率を導入したのである。各住戸の専有床面積に階層別の補正率をかけて、税額をはじく。

40階建てのマンションの補正率を例示すると、図表23のようになる。40階については1階より価値が10％高いものと扱い、床面積を10％多めにみて、税額を算定するのである（図表24）。

もっとも、この程度の補正率でタワーマンションの高層階への投資が収まるかどうかは微妙である。何しろ根っこにあるのは、異次元緩和の下でのカネ余りと、銀行の融資先難なの

図表23　階層別専有床面積補正率

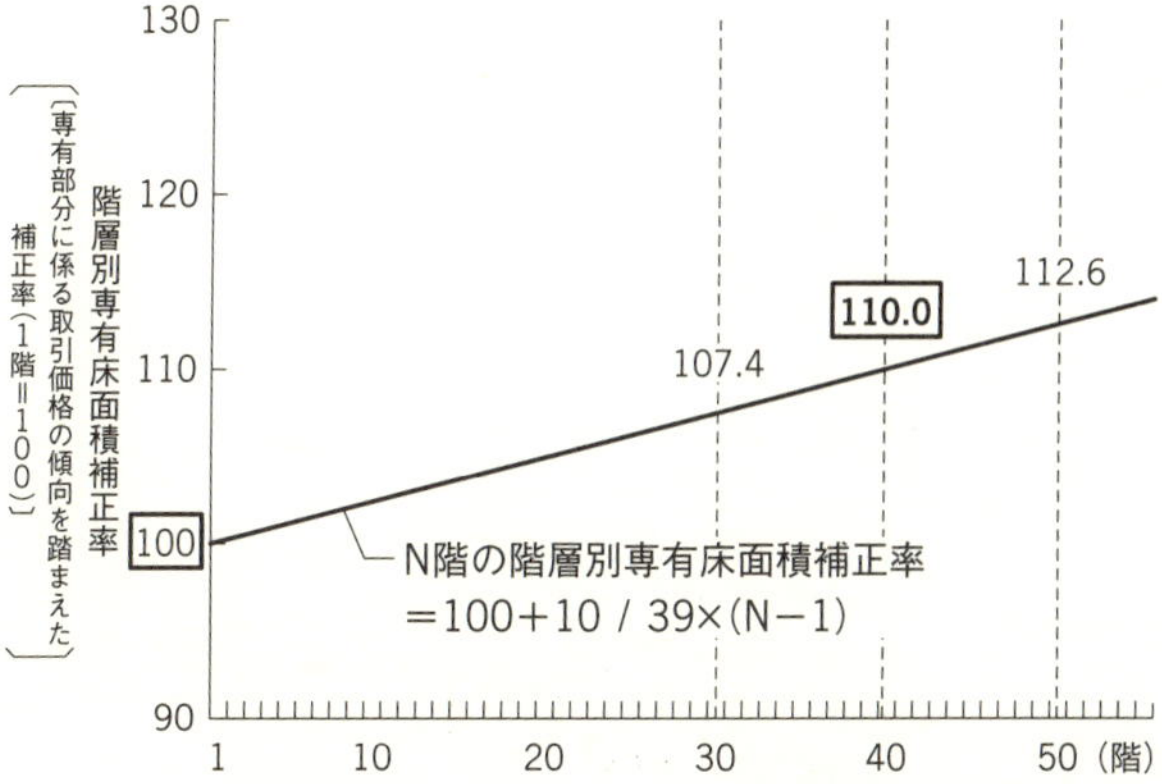

図表24　タワーマンションの課税の見直し

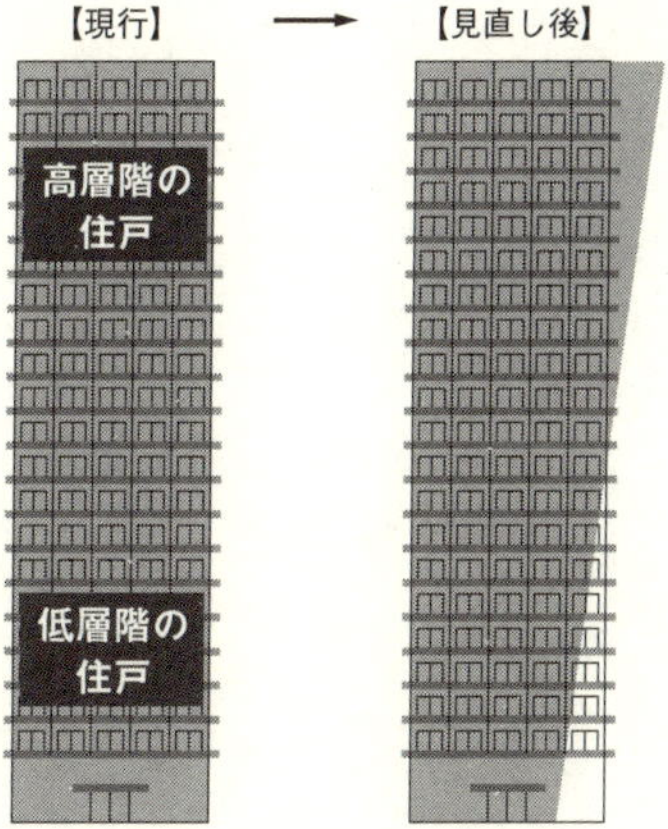

（注）シャドー部分が固定資産税の課税評価のイメージ
（出所）財務省

だから。

同じ問題はアパートローン全般にも当てはまる。金融庁や日銀はその行き過ぎに気をもみ始めた。

不動産貸し出しに「バブル」のリスク

日銀の「地域経済報告（さくらレポート）」では17年1月の時点で、日銀本店や全国各地の日銀の支店担当者から、次のような報告がなされていた。

▼「相続税の節約効果等も考慮すると、入居率がさほど高くなくても、総合的に考えれば、貸家を建設しないよりも、建てた方が得」。そんな判断のもと、都市部からやや離れたエリアでも貸家の着工に踏み切るケースがある……東京の報告。

▼低金利、安定的な家賃収入、相続税対策などを背景に、個人・企業による貸家経営が増加している。特に近年は、株価や為替変動が激しい中で、安定的な家賃収入が得られる点が、投資家から好感されている……仙台、下関、高松などの報告。

▼不動産投資セミナーでも、若年夫婦や単身者を多く目にするようになった。将来の年金支給への不安がある中で、安定収入が見込める不動産投資への注目が集まっているよう

だ……東京、前橋、大分などの報告。
▼都市部在住の投資家が地方の賃貸物件を購入するケースが散見される。こうした都市部からの投資需要が、地方の貸家着工件数の増加を下支えしている可能性がある……下関、前橋、大分などの報告。

相続税の節税という動機はかくまで強く、日銀の演出する低金利の環境が、賃貸目的の不動産投資を刺激する。ちょっと気になるのは、「安定的な家賃収入」「安定収入」と、安定が自明視されている点だ。だが長嶋修氏の『不動産格差』を一読すれば明らかなように、安定収入は当たり前のことではない。

金融庁などが問題視しているのは、アパートが空き家であっても建設業者が家賃を保証するようなケースである。銀行は融資する際に、不動産の所有者と建設業者の契約内容に、目を通すべきだ。金融庁は銀行側にそう求めている。

問題はさらに一歩進み、銀行が不動産の所有者にアパート経営などの事業を提案し、建設業者も紹介する、といった手法が目立ってきた。

その際に、建設業者から紹介手数料を得る銀行も出始めているという。銀行が事業を提案し、業者まで手配するというのは、どこかで見た光景である。バブル期の地上げが形を変え

図表25　不動産融資拡大のメカニズム

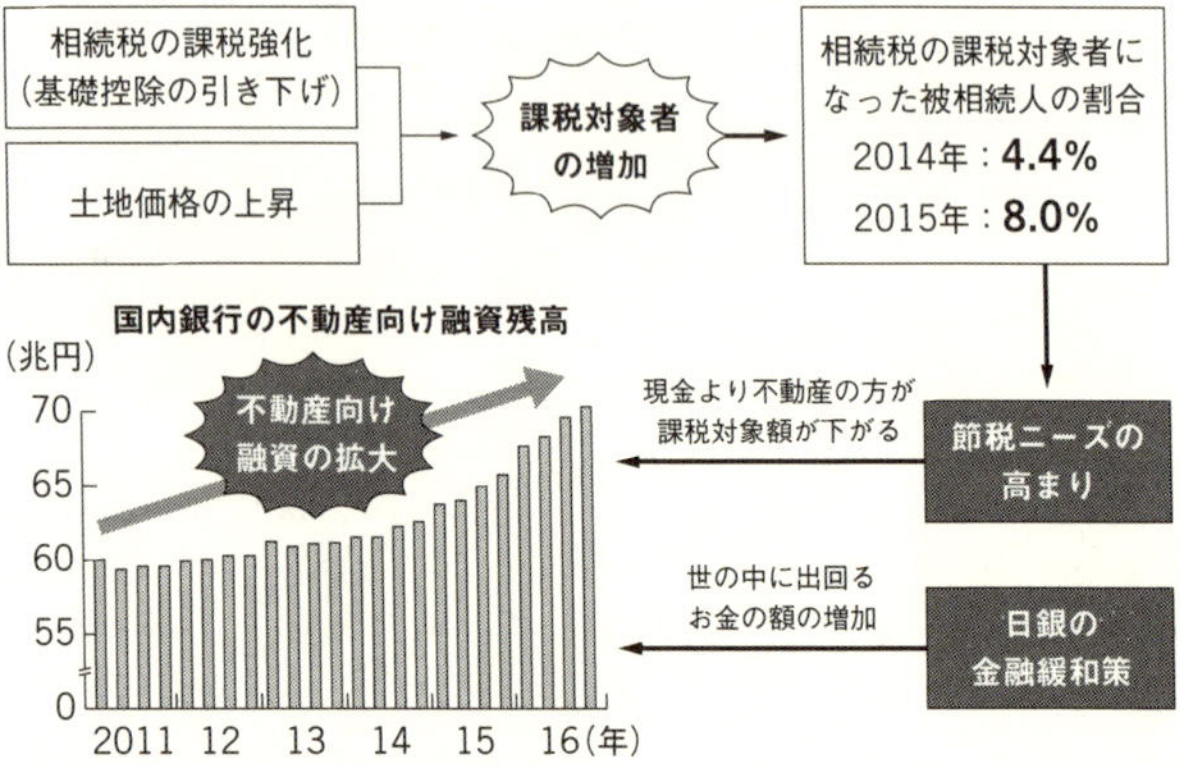

（注）日銀まとめ
（出所）『日経産業新聞』2017年4月20日付

て復活したようにもみえる（図表25）。

「近年は、不動産業向け貸出残高の実績が、経済の実勢で説明できる水準から上方に乖離している」。日銀は17年4月の「金融システムレポート」で、地域銀行による不動産貸し出しの「上方乖離」を指摘した。手っ取り早くいえば、「バブル」のリスクを認めたのである（図表26）。

かつてのバブル期と異なり、その分布は全国一律ではない。図表26下のグラフをみれば明らかなように、過大方向に向け大きく乖離しているのは、九州などである。

不動産貸し出しの伸びが顕著な地域銀行では、融資の伸びの大半を不動産向けが占めている。その一方で、アパートを造りす

図表26　上振れする地域金融機関の不動産融資

実績値の推計値からの乖離率

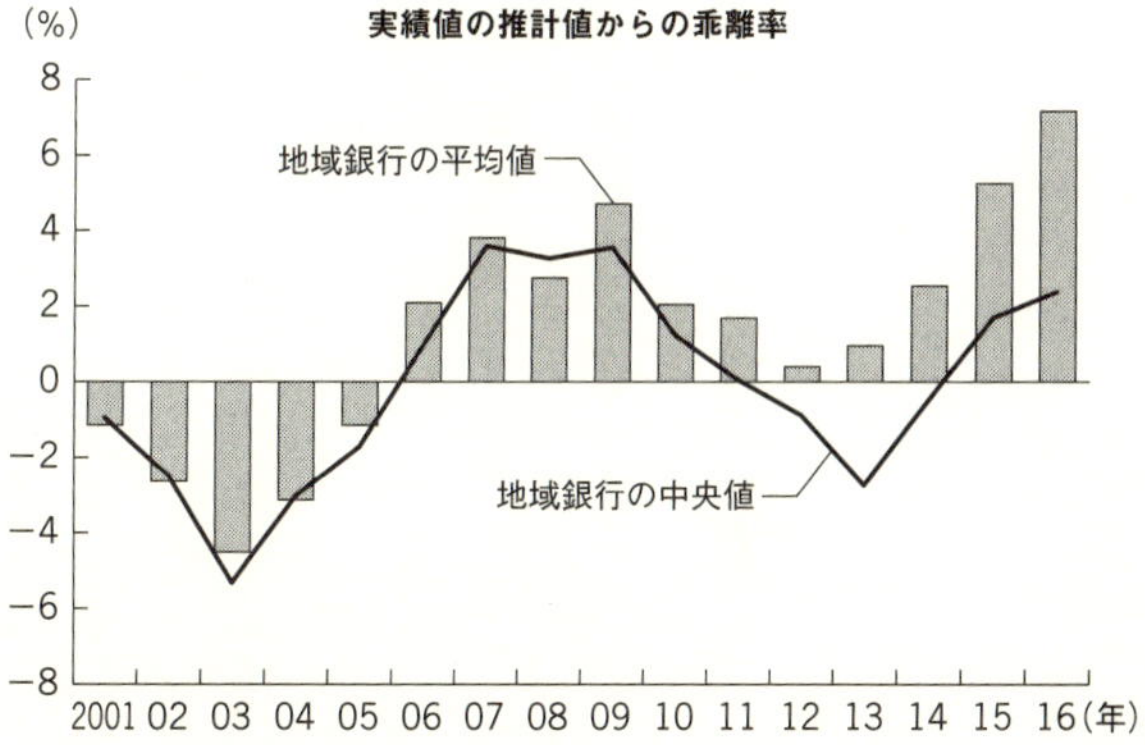

（注）日本銀行による試算値。
（出所）日銀「金融システムレポート」（2017年4月）

地域別にみた地域銀行の不動産業向け貸出の
推計値からの乖離率（2016年9月末時点）

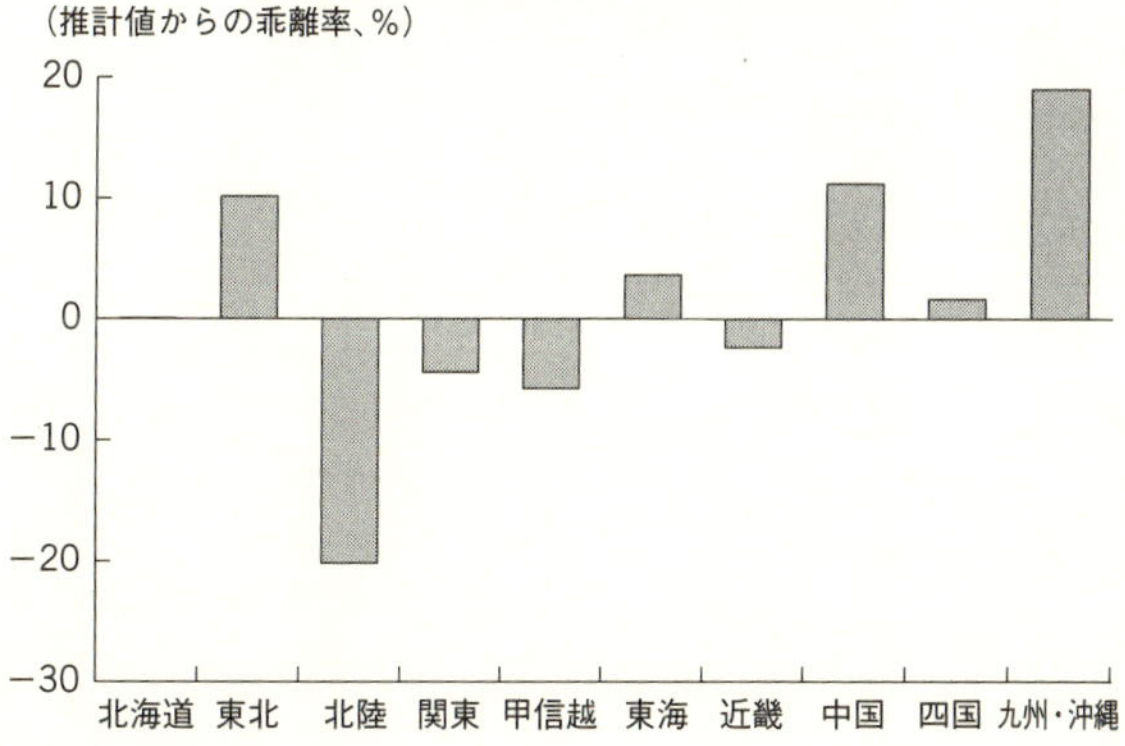

（注）日本銀行による試算値。
（出所）同前

ぎたことから、貸家市場における需給の緩みを懸念する声も聞かれ始めている。こうした現状を踏まえて、金融庁や日銀は融資の入口審査での収支計画の検証や中間管理の適切な実施を通じた、与信管理能力の向上を金融機関に求めているが、何をいまさら。

実態と期待の乖離をはらむ不動産投資は、金融がきつくなった際の不良債権予備軍というべきだろう。リーマン・ショックのような地価下落が日本を襲うとすると、地域金融機関には大打撃となる。日銀によれば、商業地の価格が全国平均で2割下落したとすると、地方銀行と信用金庫の実に4割が、本業で赤字に陥る見込みという。ツケ払いは決して軽くはない。

急拡大する銀行のカードローン

不動産ローンと並ぶ銀行資金の流入先はカードローンだ。銀行によるカードローン残高は黒田日銀による異次元緩和の始まった13年度以降急拡大し、16年度末（17年3月末）には5兆6000億円に達した。ここ4年間で、残高は58％も増加し、消費者金融業者の2倍強に達している。

法律で利用者の年収の3分の1までしか貸せない消費者金融を尻目に、銀行はカードローンに傾斜している。大手銀幹部によれば「カードローン利用者の8割が年収の3分の1超」

という。

超低金利下でも10％超の金利収入が見込めるカードローンは銀行の収益源だ。「30分審査」など簡単な審査をうたい蛇口を緩めてきた。銀行が貸して、消費者金融は利用者の返済が滞ったときに肩代わり返済する保証会社になるという「役割分担」も目につく。３メガバンクのカードローンはそれぞれグループの貸金業者が保証会社となっている。

17年6月12日に開いた政府の「多重債務問題及び消費者向け金融等に関する懇談会」には、利用者のアンケート調査が提出された。16年11月に20～70歳代の男女約４４００人にインターネットでアンケートしたものだ。

銀行カードローンを3年以内に利用した経験がある者は、全体の４・２％。利用経験者の職業は「会社員」が49・７％と約半数を占める。利用経験者の年収は、「３００万円以下」が37・７％と最多で、次いで「３０1万～５００万円以下」が30・７％。

この経験者の利用目的は、「生活費不足の補てん」が41・８％と最多。次いで、「クレジットカードの支払い資金不足の補てん」24・９％、「欲しいもののための資金不足の補てん」23・５％。

3年以内に銀行カードローンの利用経験がある者のうち、3年以内に貸金業者から借り入れをした者の割合は、63・7％にのぼる。3年以内に銀行カードローンおよび貸金業者から借り入れの経験がある者のうち、貸金業の借入残高が年収の3分の1を超える者は18・0％にのぼる。

この懇談会では、銀行の融資姿勢が問題になった。カードローンでは、証明書の不要限度額を200万～300万円とするなど、収入証明書に基づく客観的なチェックや牽制が働いていない。貸金業者が50万円超の貸し出しをする場合には、収入証明書が必要なのに比べて、銀行のカードローンの審査は緩い。

銀行が保証会社の審査に依存し、かつ、融資限度額管理が十分機能していないケースが目立つ。他行による貸し付けを勘案せずに、融資限度を判定している銀行もある。顧客属性の変化の把握や途上管理が不十分なところがある。バブル期の脇の甘さがよみがえったかのようだ。

金融庁が事態を問題視したこともあって、全国銀行協会は17年3月16日に、次の申し合わせを行った。

▼配慮に欠けた広告・宣伝を抑制する。

▼収入証明書が不要な限度額を引き下げるなどして、返済能力を正確に把握する。

▼自行・他行・貸金業者の貸し付けを勘案して、返済能力を確認する。
▼年収に対する借入額を意識した代位弁済率コントロールを行い、多重債務者増加を抑止する。審査目線に関し保証会社と深度ある協議を実施する。
▼定期的に顧客の信用状況の変動を把握する。

何だ、そんなことも実施していなかったのか、と思うような内容である。こうした動きを受けて、3メガバンクは次のような具体策を打ち出した。

三菱UFJフィナンシャル・グループ……広告への収入証明書提出基準の記載取り止め、テレビCM本数の抑制、若年層に影響の大きい時間帯の放映を停止する。収入証明書の提出基準を17年6月以降、200万円超から50万円超に引き下げる。

三井住友フィナンシャルグループ……テレビCMの朝の時間帯の放映停止や、過剰な借り入れを促すようなバナー広告等を見直す。審査態勢について、収入証明書の提出基準を17年4月以降、300万円超から50万円超に引き下げ。審査基準をさらに厳格化していく。

みずほフィナンシャルグループ……借入額の年収に対する上限を従来以上に厳しくし、収入証明書の提出を必要とする基準を200万円から50万円に引き下げる。これからも必要であれば、さらなる手立てを打って行く。

ＡＩファンドに流入する個人マネー

人工知能（ＡＩ）関連のファンドに、低金利で運用先に悩む個人投資家のマネーが流入している。ゴールドマン・サックス・アセット・マネジメントが17年2月24日、ＡＩが運用する投信を新規設定したところ、当初の運用規模は１１３９億円と、約4年ぶりの高額となった。同月23日に野村アセットマネジメントが設定したＡＩ関連株投信も運用規模が１０００億円の大台を超え、個人の関心の高さが鮮明になった。

ＡＩと投信はどう結びつくのか。ゴールドマンの投信「ＧＳグローバル・ビッグデータ投資戦略」は、膨大なデータを手掛かりに有望な投資先をＡＩが選択する（図表27）。「今や、ビッグデータを有効活用できない企業は競争力を失うとも言われる時代。そして無数のデータの中から、有益な答えを導き出す上で、ヒトの処理能力を超えたＡＩは、急速にその重要性が高まっています」

そんなうたい文句を掲げたうえで、「長い年月をかけて開発してきた独自の運用モデルにＡＩによる分析を導入することで、あふれる情報の中から投資への示唆を見出し、ポートフォリオ構築に役立てています」と商品を売り込む。

図表27　AIを使った投信の一例（GS グローバル・ビッグデータ投資戦略）

ビッグデータ等の多彩な情報からポートフォリオ構築までの流れ

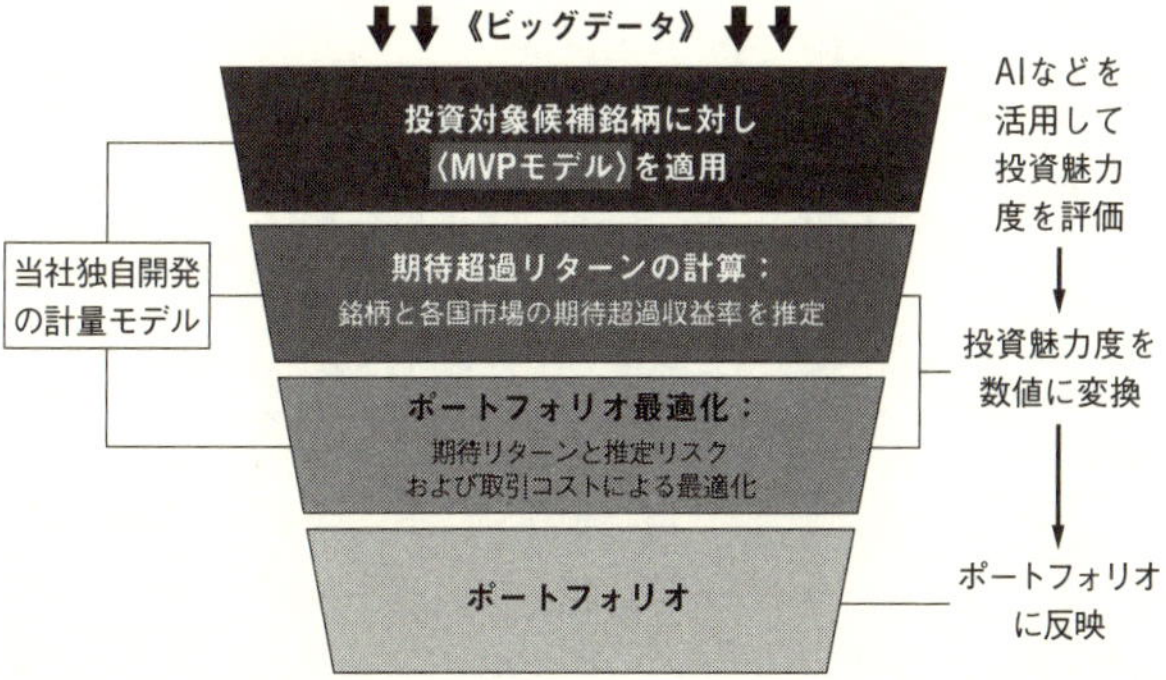

（出所）SMBC日興証券とゴールドマン・サックス・アセットマネジメントの説明資料

　具体的には、ＡＩの言語処理能力を生かして、１９０万本ものリサーチ・リポートを読み込み、文章の変化からアナリストの真意を読み取る。

　アナリストの文章には、「かもしれない」から「だろう」に、そして「である」へと変わる、出世魚のような変化は、普通はない。そこで、ＡＩが自ら習得したアルゴリズム（判定ルール）によって、レーティング（投資評価判定）には表れないアナリストの考えの微妙な変化をキャッチしようというわけだ。

　小売りなど消費関連企業の場合は、企業のウェブへのアクセス頻度を解析して、将来の収益予想に役立てる。１００万ユーザー当たりの閲覧回数が上向くと、数日後にはその企業の株価（市場平均に対する超過収益率）が上がってくる。そんなグラフをゴールドマンは紹介している。

ゴールドマンは海外では既にＡＩ投信を運用しているが、国内の個人向けに販売するのは初めて。ＳＭＢＣ日興証券など国内大手証券が販売する。ゴールドマンの投信はＡＩを活用した運用だが、ＡＩ関連企業への投資を売り物にした投信もある。

野村の「グローバルＡＩ関連株式ファンド」の場合、投資対象がＡＩ関連株だ。ＡＩは近年、ＩＴ（情報技術）に限らず自動車や医療など幅広い産業で活用が進む。米国を中心にＡＩ事業に挑むベンチャー企業も相次いでおり、投資額も急拡大している。野村のファンドは、「ＩＴ関連」「産業関連」「医療・ヘルスケア関連」の３つの分野に注目し、ＡＩ関連銘柄を選定する。

野村が販売し新規設定時で１０９１億円の資金を集めた。新興国を含む世界の２５００社から、ＡＩ技術を軸に高い利益成長が見込める約50社を選んでいる。16年12月末の運用先は、米国が全体の75％を占め、フランス、オランダ、日本、ドイツと続く。利益成長（年率）の予想は世界の株式は10％なのに対し、これらのＡＩ関連銘柄は20％近くにのぼるという。組み入れ企業はこんな具合だ。

米インテューイティブ・サージカル　熟練外科医の技術と経験をＡＩ化した手術ロボットを開発。熟練外科医がマニュアル操作しなくても、完全自動で手術をできるようになる。米倉涼子が演じるドラマ『ドクターX』のＡＩ化ロボットである。

米エヌビディア　グラフィクスや画像を使ったコンピューター操作で世界を代表する企業。ＡＩ関連で急成長しているディープラーニング（深層学習）の先駆者である。孫正義氏の率いるソフトバンクは同社株に早い時期から投資している。

米パロアルトネットワークス　サイバーセキュリティ（コンピューターに対する攻撃に対する防御行為）を代表する次世代のセキュリティ企業。ＡＩを活用した解析機能によって、コンピューターウイルスの検出にも即座に対応できる。

オランダ・モービルアイ　単眼カメラを通じた情報認識の処理技術で、自動車の衝突や蛇行運転を防止する。高度運転支援システムは自動走行時代をにらむ。本社の所在地はイスラエル。

１９９５年にマイクロソフト社が「ウインドウズ95」を発売したのを境に、インターネット時代の到来が実感された。２０００年に入るころには、インターネット関連といえば、実際に収益が上がっていなくとも株価が高騰する「ドットコム・バブル」の熱狂が起きた。ナ

図表28　AI関連ビジネスの未来予想図

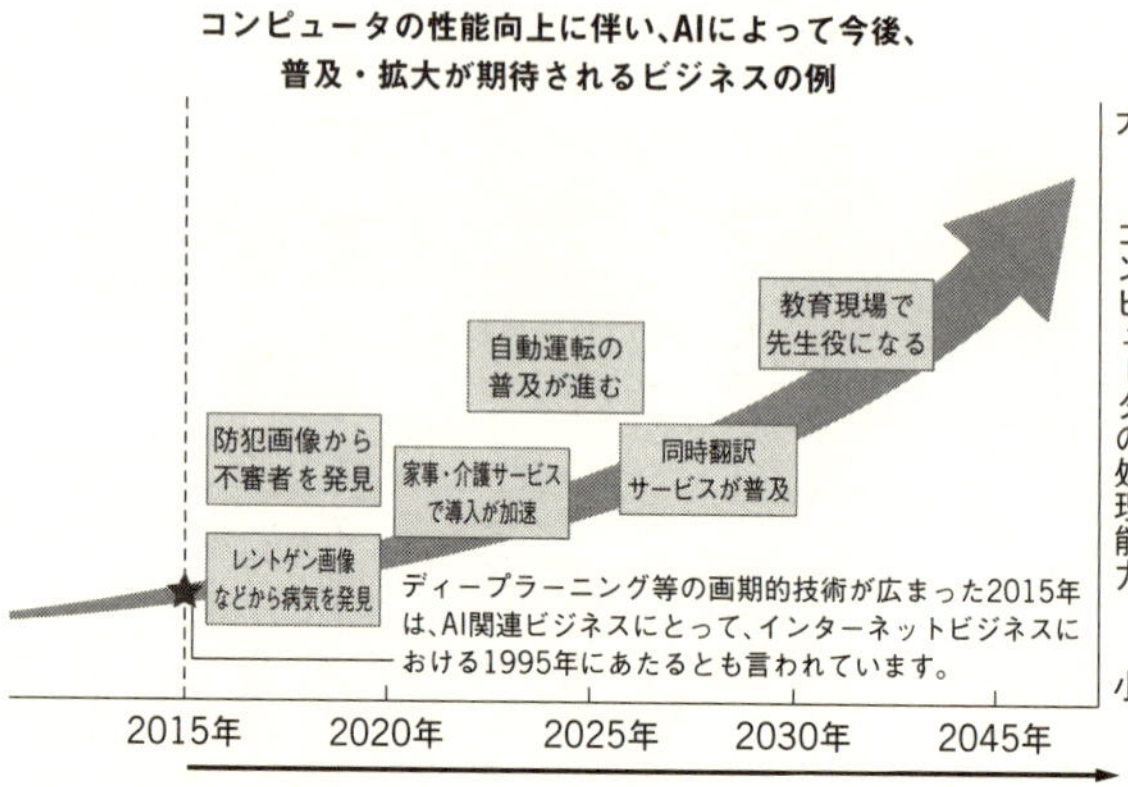

（出所）各種資料を基に野村アセットマネジメント作成

スダック総合指数は5000の大台を突破したが、2000年春にはドットコム・バブルが崩壊した。

そして今、新たなインターネット時代ともいうべき、AI革命が取り沙汰されている（図表28）。「ディープラーニングなどの画期的技術が広まった2015年は、AI関連ビジネスにとって、インターネットビジネスにおける1995年にあたる」（野村證券）。

そうした流れを映すかのように、投信全体が人気薄のなかでも、AI関連は例外的に活況を呈している。より正確に言えば、投信全体がさえないからこそ、AIに関連した商品にすがろうとしているのである。

17年2月末までの半年の間に新規設定され

た投信について、『日経マネー』による当初設定額のランキングでみても、ＡＩ関連の多さは一目瞭然。特に17年2月はＡＩ関連投信が４本新設された。

３カ月前の同ランキングで首位だった「グローバルＡＩファンド」（16年9月設定）を抑えて首位となったのは、「ＧＳグローバル・ビッグデータ投資戦略Ｂコース（為替ヘッジなし）」。同投信の「Ａコース（為替ヘッジあり）」も7位にランクインしている。他のＡＩ関連投信が投資対象としてのＡＩに注目するのに対し、同投信は銘柄選択にＡＩの技術を用いるのが特徴。ニュースやウェブアクセス記録など、いわゆるビッグデータを基に、ＡＩ技術を駆使しながら投資対象を絞り込んでいく運用戦略に、投資家の関心が集まったのだろう。

投信の株式運用は、運用担当者による銘柄分析を通じて投資先を決める「ジャッジメンタル」と、「データを用いた計量的なモデルに基づいて運用する「クオンツ」に大別される。ゴールドマンは後者を得意としており、首位の投信はその最新型ともいえる。同投信のＡＩ運用は、そういう意味でも大きな試金石になる。

日本のブームは周回遅れか

ただし、日本ではＡＩ投信がブームとなるなかで、本場の米国では微妙な潮目の変化が感じられる。ひところ株式市場を席巻する勢いだった、コンピューターを駆使する「超高速取引（HFT）」の世界に、淘汰の波が押し寄せてきたのである。17年4月20日、超高速取引の大手バーチュ・ファイナンシャルが、同業のKCGホールディングスの買収に出た。買収総額は14億ドル。

バーチュはおもに金融商品の値付けを手掛け、KCGはネット証券向けのブローカー業務に強みを持つ。合併が実現すれば、両者を合わせた取扱量は米国株市場の取引全体の5分の1に達するという。だが両者が一緒になる狙いは、攻めの合併というより、コスト増に対処するための守りの合併の要素が強い、とみられている。

超高速取引の中心となる仕事は、売りと買いを引き合わせる値付け（マーケットメイク）。大量の売買を行って、売値と買値のサヤをとって利益をあげてきた。しかし、近年は株式市場のボラティリティ（変動性）が低下しており、値幅が生まれにくくなっている。その一方で、より大容量のデータを高速で扱うためのシステム投資は費用がかさむ。さらにデータ使用料など証券取引所に支払う手数料も上がっている。規模の拡大で競争力を維持する必要が強まっていたわけだ。

「1238日間で損を出したのは1日だけ」。バーチュが15年の株式上場に際し、上場申請の目論見書でそう記述した。14年に出版された『フラッシュ・ボーイズ』という本で、『世紀の空売り』などでおなじみの金融ジャーナリスト、マイケル・ルイス氏が超高速取引の実態を白日の下にさらしたこともあって、この取引で業者が株価を操作し、不当に利益を上げているとの批判も高まった。当局が捜査に乗り出し、その後は規制の整備が進んだ。HFTに代表されるAIを売り物にした取引は、本場の米国では曲がり角を迎えているのである。日本のAI投信ブームは周回遅れの走者であるようにもみえる。

世界のマーケットを覆う奇妙な静寂

ならば、マネーがあふれるなかで、なぜ株式市場の流動性は低下してしまったのだろうか。確かに米国株や米国債といった世界の金融市場の檜舞台を、「嵐の前の静けさ」ともいえる奇妙な静寂が覆っている。17年の米国株市場では、相場の振れの大きさを示すVIX指数（通称、恐怖指数）は、歴史的に最も低い水準まで低下している。

トランプ政権の発足で、誰もが株式市場のボラティリティは上昇すると信じていた。しかし、酩酊運転のようにトランプ政権が右往左往しても、フランス大統領選の行方をめぐる視界不良が深刻になっても、北朝鮮をめぐる核・ミサイルの危機が深まっても、VIX指数はなぜか落ち着いている。

17年4月28日、ティラーソン米国務長官は国連安全保障理事会で明言している。「ソウルや東京に対する北朝鮮の核攻撃の脅威は現実のものだ。そして北が米本土を攻撃できる能力を開発するのは時間の問題だ」。

英文を記せば、前半は「The threat of a North Korean nuclear attack on Seoul, or Tokyo, is real.」。米国は北朝鮮による東京への核攻撃の脅威を「現実」のものとみている。日本のメディアはやり過ごそうとするが、ソウルと東京が並列に扱われている。

後半は「it is likely only a matter of time before North Korea develops the capability to strike the U.S. mainland.」。米本土への核攻撃能力の開発が「時間の問題」に過ぎない、との認識を披瀝している。とするならば、実際に北が能力を開発し終えるまでに、その動きを食い止めなければならない。ここにトランプ政権の瀬戸際外交の眼目がある。

のっぴきならない状況であるにもかかわらず、株式市場は春風駘蕩。17年5月9日のコミー米連邦捜査局（ＦＢＩ）長官の解任劇をめぐる、株式市場の反応も良く似ている。トランプ大統領が任期中に議会から弾劾される可能性は5割以上。英国やアイルランドの賭け市場（ブックメーカー）では、弾劾確率がピンとハネ上がった。ニクソン政権下のウォーターゲート事件が再演されるかもしれない。賭けのマーケットはそう判断したのだ。

だが米国株や債券の市場は、賭けのマーケットであるブックメーカーほど大騒ぎしていない。ひとつには、1973年から74年にかけてのころと、今とでは経済環境が異なるからだろう。何しろ当時は第1次石油危機のただ中で、原油高がインフレの高騰を招き、高金利と株安が引き起こされていた。S&P500は73年と74年の2年間で合わせて4割以上下落している。足元では、そんな高インフレや高金利のリスクは見当たらないと、市場関係者はタカをくくっている。

今のトランプ政権と似たケースを探すとすれば、朴槿恵前大統領がきりもみ状態となった後の韓国だが、米国とは国の規模や実力が違いすぎる。しかも面白いことに、韓国総合株価指数は世界的な半導体ブームを追い風に、2017年の年初来の上昇率は世界でもトップクラス。ならば米国株も、「トランプ元気で留守がいい」となるのだろうか。

米国株市場でも、トランプ政権の規制緩和やインフラ投資に期待した金融株や運輸株が足踏みなのを尻目に、トランプ政権が立ち往生してからというもの、テクノロジー株の上昇が目立っている。政権とのソリが合わないとされるシリコンバレーの産業への、セクター・ローテーション（人気業種の交代）のシナリオを、株式市場は描いているようだ。当面、不都合な出来事は視野の外に置こうとする市場心理がうかがえる。

ＥＴＦが市場機能を低下させる

ツケ払いがなければそれに越したことはないが、いかにも政治と市場のギャップが大きい。その謎を解くカギとして指摘されだしたのは、巨大化した株式ＥＴＦ（上場投資信託）市場の存在だ。米国株ＥＴＦの残高は16年末現在、１・５兆ドルに達した。円換算で１７０兆円近くに達する。16年末時点のＳ＆Ｐ５００の時価総額は20兆ドルだから、その７・５％相当の規模となり、株価形成への影響力も増している（図表29、図表30）。

ＥＴＦとは、証券取引所に上場し、株価指数などに代表される指標への連動を目指す投資信託で、「Exchange Traded Funds」の頭文字をとりＥＴＦと呼ばれる。ＥＴＦの代表的な商品として、日本では例えば「東証株価指数（ＴＯＰＩＸ）」に連動するＥＴＦがある。ＴＯＰＩＸの値動きとほぼ同じ値動きをするように運用されるので、このＥＴＦを保有することで、ＴＯＰＩＸ全体に投資を行っているのとほぼ同じ効果が得られる。

株式拠出型ＥＴＦの仕組みは図表31のようになっている。まず、「指定参加者」と呼ばれる証券会社や機関投資家が市場で現物株を買い付け、その現物株の集まりをつくる。カゴに

図表29 米国におけるETFの資産残高・ファンド数推移

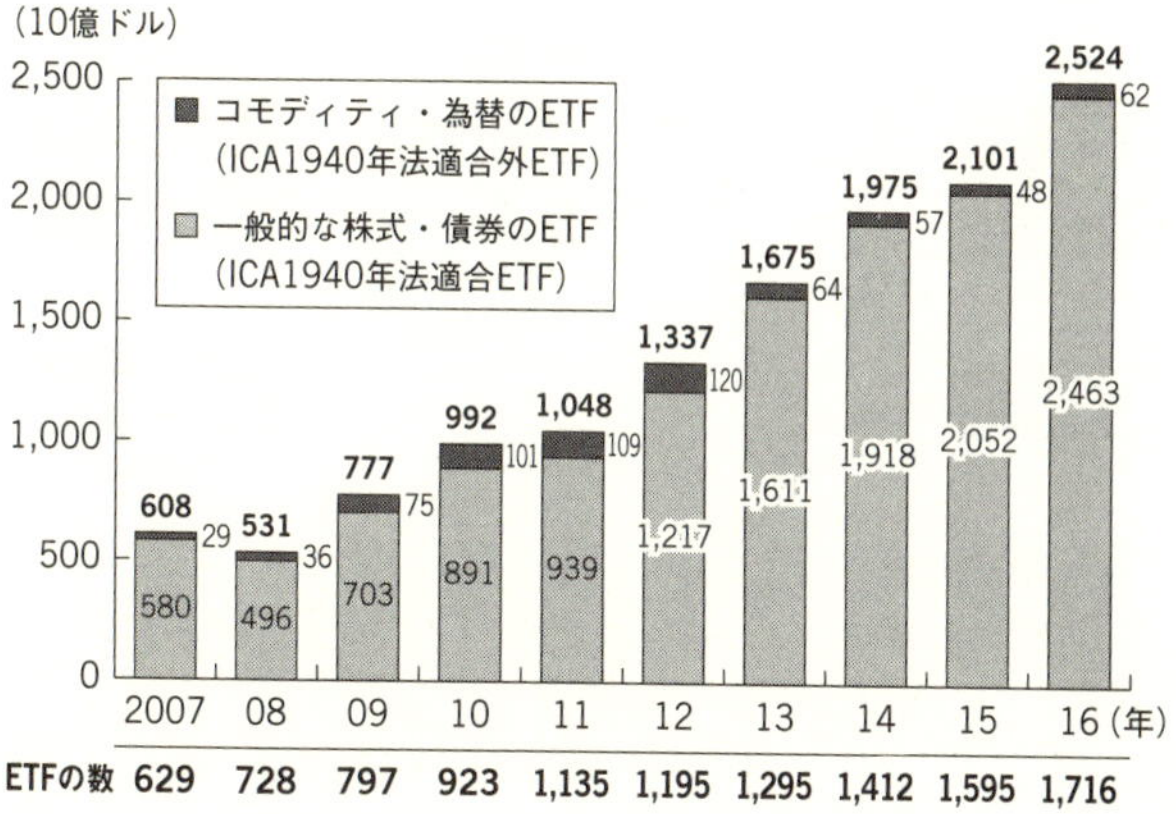

図表30 世界のETFの資産残高(2016年末)

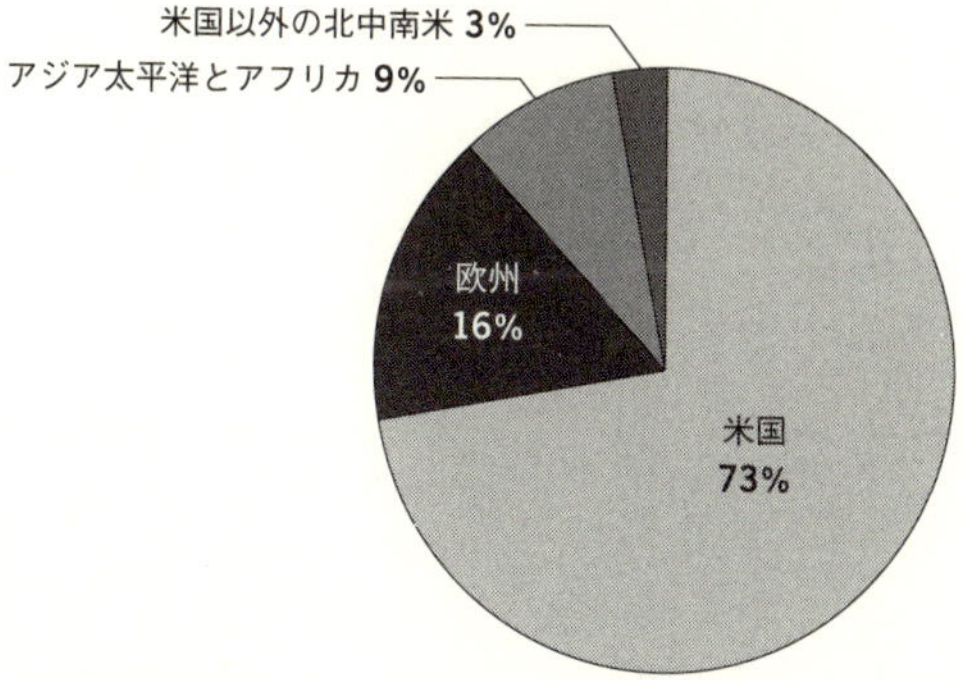

(出所)米ISI「2017年版投資ファクトブック」、世界のETF資産規模の合計は3.5兆ドル

図表31　ETFの仕組み

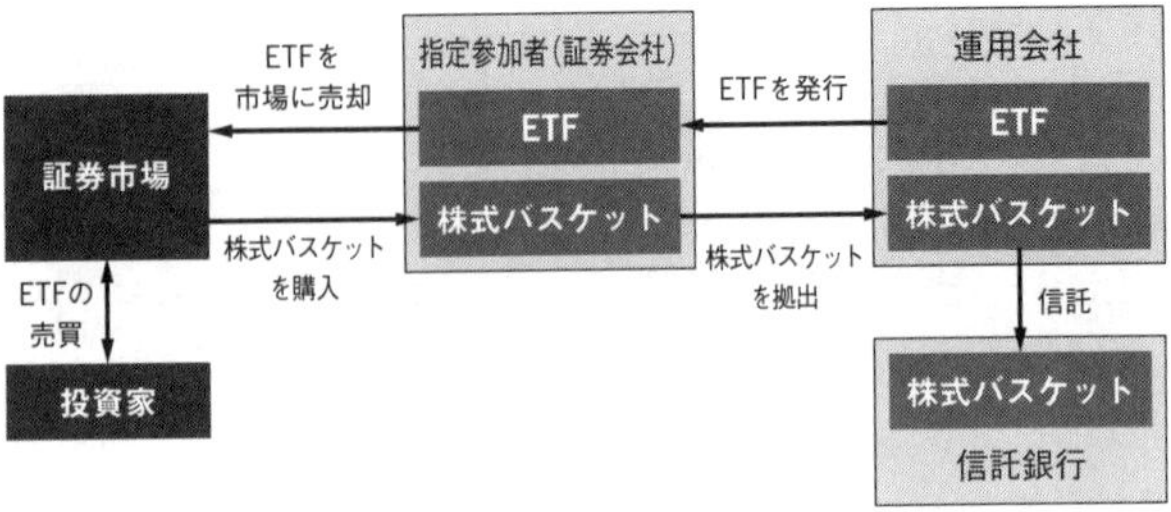

（出所）投資信託協会

入れるようなものだから、「現物株バスケット」というが、その現物株の集まりを「運用会社」に拠出する。それをもとに運用会社がＥＴＦを設定する。指定参加者は、運用会社からＥＴＦの持分を示す「受益証券」を受け取る。要するに、指定参加者は、持っている現物株バスケットと、ＥＴＦを交換していることになる。指定参加者は、持っているＥＴＦと、現物株バスケットを交換することもできる。

ＥＴＦ市場に欠かせない「指定参加者」と呼ばれる証券会社などの金融機関は、日々の取引でＥＴＦの元々の資産となる現物株バスケットとＥＴＦそのもののサヤ抜きを行っている。現物株バスケットが割高でＥＴＦが割安なら、現物株バスケットを売り、ＥＴＦを売る。その逆なら、現物株バスケットを買い、ＥＴＦを買うというわけだ。その結果、元々の資産である現物株バスケットとＥＴＦとの価格の開きが生じないようなメカニズムが自動的に働くようになった。

実は債券ＥＴＦでも同じ傾向がみられる。米投資信託協会によれば、債券ＥＴＦは金利上昇局面の動きを和らげているという。米10年物国債の利回りは16年7月の１・３％台から、米大統領選でのトランプ氏の当選を受け財政拡大を織り込む形で、16年12月末には２・４％台に上昇（債券相場は下落）した。通常であれば、これだけの金利上昇は債券のパニック売りを誘い、一段の金利上昇を招くものだが、今回の金利上昇局面では、そんなことは起きなかった。

債券ＥＴＦの新規発行が続き、買い手が常に存在したためだ。急激な金利上昇はなく、非常になだらかな動きとなった。ＥＴＦが債券価格下落のエンジンブレーキとして働いたことを意味する。

皮肉なことに、ボラティリティの低下は、相場が割高か割安かを告げる市場の機能の低下を招いている。米国株は割高だと指摘されるのだが、多くの市場参加者は今の水準に満足している。となると、現物株バスケットとＥＴＦとの間でのサヤ抜きを通じて、相場全体の振れが抑えられ、凪のような状態が続くことがある。

リーマン・ショック時に類似

もちろん、株価のことである。何かをきっかけにいつ変動しないとも限らない。トランプ大統領の弾劾が話題になった17年5月は、その典型だろう。米国株相場は大幅に下落し、VIX指数も跳ね上がったが、すぐに何もなかったかのように元の水準に戻った。

リーマン・ショック以降大幅に積み上がったETFは、サブプライム・ローン（信用度の低い個人向け住宅ローン）をいくつも束ねたモーゲージ債券に似ている。それぞれの住宅ローン資産を、返済の安全度の高いものから低いものへと、いくつかのグループに分け、投資家はそのリスクに合わせて資産を買う仕組みであった。

米国の住宅市場のリスクを回避しながら、高い利回りを享受する。そんないいとこ取りを狙って、世界の投資家はサブプライム・ローンを元手にした証券化商品をしこたま購入した。だが米国の住宅バブルが破裂すると、その投資家たちは手元にある証券化商品のなかに、見も知らない住宅ローンの損失が含まれていることを思い知らされた。リスクは分散されても、解消されてはいなかったのである。

リスクの所在が把握できなくなった結果、世界の金融市場は、部屋の明かりを消して何が入っているか分からない鍋をつつく「闇鍋」のような状況に陥った（拙著『世界金融危機開いたパンドラ』）。ＥＴＦについても、本格的な持ち高の巻き戻しが訪れれば、サブプライム・ローンのような騒動が起きかねない。

リーマン・ショック前の世界経済の合い言葉は、「大いなる安定（グレート・モデレーション）」。その根っこにあった米国の住宅バブルと証券化バブルに、金融当局も市場関係者も無頓着だった。リーマン・ショック後はさすがに世界経済の「大いなる安定」を語る人はいなくなったが、意外にも「まさか」が相次ぐなかで、米国の株式、債券市場はボラティリティの低下という「大いなる安定」を享受している。ちょっと悩ましい符合である。

1日半値段がつかなかった10年物国債

金融市場に有り余るマネーを提供し、金利を空前の低水準に抑え、債券ばかりでなく、株式や不動産の投資信託まで購入する。世界の中央銀行のなかでも、量的質的緩和の先頭を行くのは日銀である。中央銀行のカジ取りと世界経済のバブルの循環については、第４章で記すとして、ここでは市場のゆがみという観点から、日本の国債市場の異変に触れておこう。

住宅ローン金利などの目安となる10年物の長期国債の売買が急減し、17年５月２日午後までおよそ1日半にわたって値段がつかなかったのだ。

日銀による大量の国債買い入れで売買可能な国債が減っていたところに、大型連休で参加者が取引を手控えたためだ。そもそも日銀が国債を年間80兆円も市場から吸い上げている。大規模緩和の副作用をくっきりと表している。

国が元本を払い戻す（償還）までの期間が10年と長い日本国債は、17年4月28日朝にいったん値がついたもののその日は終日、値が同じところに張り付いて動かなくなった。売買がいよいよ「死んだ」ようになったのは土日を挟んだ5月1日だ。ついに一度も売買が成立せず、5月2日午前も同じ状況が続いた。やっと値がついたのは同日の午後1時48分だ。

国債取引は本来、月間売買高が約900兆円（17年3月）にも上る巨大市場だ。「新発10年債」と呼ばれる国債が1999年3月に長期金利の「指標」と位置付けられて以来、これまで2営業日連続で値がつかなかったことはない。

日銀は16年9月から長期金利をゼロ％程度にする政策を取っており、もし金利が下がりすぎてマイナス圏に入りそうになれば国債の買い入れ額を減らす（金利を上げる）可能性がある。そうなれば国債を買った投資家は値下がりで損失を被る恐れがあり、不透明な環境を嫌って注文そのものを手控えているのだ。5月1～2日は市場参加者同士の一部の相対売買を除くと市場での取引がほぼ蒸発し、値が消えた。

債券市場が機能低下に陥っている原因の一つは日銀にある。国債の全発行残高に占める日銀の保有分は13年4月の1割程度から足元は4割にまで拡大し、新規発行についてはほぼすべてを買い入れている。日銀の持つ国債などの総資産は日本の名目国内総生産（GDP）の9割に相当する500兆円台にのぼり、債券市場は日銀の「官製相場」だ。値動きが乏しいだけでなく、「ゼロ％程度」がどの範囲を示すのかよくわからないため投資家が積極的に売買しにくい状況になり、取引意欲が鈍っている。

メガバンクはすでに保有国債を大幅に減らしており、主要生保10社も17年度に国債の運用残高を約3兆円純減させる計画だ。過去に投資した国債が払い戻されると手元に現金が戻ってくるが、「マイナス金利の国債に再び投資するのは難しい」と大手生保はいう。不動産やインフラファンドなどにマネーを振り向ける投資家が増えており、国債離れは加速している。それでも日銀がこのままマネーを供給し続ければ、このゲームは続く。

第　4　章

繰り返される山々

「音楽が鳴っているうちは、踊り続けなければならない」。米シティグループの最高経営責任者（CEO）だったチャック・プリンス氏はそう述べた。サブプライム（信用度の低い個人向け）住宅ローンの焦げ付きが問題になりだした2007年夏のことだ。この言葉はバブルの神髄を物語る。

そろそろ相場は怪しくなっている。でも相場が崩れず、ライバルがその取引で稼いでいるうちは、取引から降りるわけにはいかない。自分だけはうまく抜け駆けできるはず。そんな心理がますます相場を盛り上げる。そしてバブルがはじけるや、舞台は暗転する。

世界の経済と市場は、そんなバブルの山々の振幅によって形成されるようになっている。「ブーム・アンド・バースト」の循環をながめながら、リーマン・ショック後の新たなバブルの特徴を探ることにしよう。

7で終わる年には何かが起きる

2017年に入ったころ、株式市場では〝トランプ・ラリー〟に期待した先高見通しが支配的だった。ご多分に漏れず、筆者も17年の株式市場の基調は強いと考えていたが、ひとつ気になったのは「7」で終わる年のジンクスだった。モヤモヤが拭えず、年明け早々、『日本経済新聞』に小さなコラムを記した（17年1月3日付朝刊「景気指標」欄）。

①1987年10月はブラック・マンデー（米国発の世界同時株安）。ニューヨーク・ダウ工業株30種平均はたった1日で20％強下落し、米国発の世界同時株安で市場関係者は肝を冷やした。

②97年はアジア通貨危機。7月のタイの通貨切り下げを機に、年末に韓国、翌98年春にはインドネシアに危機が連鎖。98年8月にはロシア国債が債務不履行となった。

③07年8月には米のサブプライム・ローン問題に端を発したパリバ・ショックが発生した。米住宅バブルと証券化バブルが相次いで崩壊し、08年9月にはリーマン・ショックに至る。

ほぼ10年サイクルで繰り返される金融危機は、経済活動がバブル化し、負債が積み上がったことの反動である。引き金は長期金利の上昇という、債券市場の乱だ。

今から振り返って気になるのは、①30年前のブラック・マンデーだ。直接のきっかけは、金融政策をめぐる米独の角逐でドルが急落したことだった。だが87年の春先から米国を筆頭に主要国の長期金利はジリジリと上昇し始めていた。

市場に警戒感が広がったのは、金利が上昇すれば株価が割高になるからばかりでない。米国が財政と経常収支の赤字に悩むなか、海外からの米国債投資が細ったら、大ごとだったためだ。当時の海外勢の代表選手が、生命保険会社などわれらがジャパンマネーだった——。

ざっとそんな中身である。バブルとその崩壊の震源地となったのは①と③が米国、②がアジアなどの新興国。バブル崩壊からの立ち直りは①と②が短期間で済み、③は世界経済と国際金融を打ち壊し、10年近く経った現在も様々な後遺症を残している。

③の遠因をなすのは、2000年のITバブル崩壊である。また中国の株式・不動産バブルや、原油などの商品バブルとその崩壊についても、考え合わせておく必要があるだろう。

そもそも1980年代の後半から90年にかけて膨張し崩壊した日本のバブルについても、こうしたグローバルなバブルの山々とは無縁ではない。それどころか、日本の金利や金融政策の足取りは、米国の経済や金融の動向によって左右されてきたという、「不都合な真実」

図表32　世界経済とバブルの鳥瞰図

	時代	米国と世界	日本
1980年代	米ソ冷戦	プラザ合意（1985.9） ブラック・マンデー（87.10）	**日本のバブル**
1990年前後	冷戦の終結	ベルリンの壁崩壊（89.11）	株式、不動産のバブル崩壊
1990年代後半	米国一極化	アジアの通貨危機（97.7〜） **米国 ITバブル**	金融システム危機（拓銀、山一破綻［97.11］）
2000年代	一極支配の揺らぎ	米同時多発テロ（01.9） 米国 ITバブル崩壊 **米金融緩和と米国住宅バブル** **新興国と商品のバブル**	**日本の ITバブル** **小泉改革とヒルズ・バブル**
2000年代後半	世界経済危機	米住宅バブル崩壊 パリバ・ショック（07.8） リーマン・ショック（08.9） 中国主導の積極財政	マイナス成長と政権交代 日中の経済規模逆転（2010年）
2010年代	Gゼロ時代	欧州政府債務危機 **世界的金融緩和と中央銀行バブル** トランプ政権の登場、米金融緩和幕引き	**アベノミクスと異次元緩和** **新たなバブル？**

がある（図表32）。

合理的バブルという逆説

それにしても、バブルはなぜ、これほど多く生じるのか。人間が愚かだと言ってしまえばそれまでだが、ことはそれほど単純ではない。規制やゆがみがあって、市場が円滑に機能していないのか。いや、そうではない。市場が円滑に働いているとしても、発生してしまう「合理的バブル」というものがある。

冷静さを感じさせる「合理的」と、熱狂に結びつく「バブル」は、どう結びつくのか、を整理しておこう。以下はそれほど難しい話ではないが、理屈が面倒な方は131ページあたりに飛んでいただきたい。

小林慶一郎・慶應義塾大学教授の説明を借りると、「合理的バブル」とは、資産の価値がファンダメンタルな価値（理論価格）を超えていると皆が分かっているが、「必ず誰か他の人に売り抜けて、自分は損をしない」と皆が思っている状態のこと。

皆が「自分は必ず売り抜けられる」と思っているので、資産の価格が上昇を続けるバブル状態であっても、市場で売り買いが成立する――。

図表33 「ファンダメンタル」と「投機」の関係

	業績の推移	株価の推移（①）	株価の推移（②）
1年後	110	120	120
2年後	121	144	150
3年後	133	172	195
4年後	146	207	263
5年後	161	248	369

確かに株高が続くうちに、「企業の理論株価を上回る株価上昇が継続する」という判断を、投資家は抱くことになりやすい。市場が円滑に機能していても、ある期間にわたって株高が継続することで、株価上昇が株高を正当化する「合理的バブル」が、生じやすいのである。そして、時間の経過とともに、期待収益の増加よりも合理的バブルの拡大の方が大きくなりがちだ。

簡単な数値例を示そう（図表33）。企業の業績が毎年10%、株価が毎年20%上昇すると皆が考えているとする。「ケース①」で示すように、ともに100からスタートしても、ご覧のように年を追うごとに、業績と株価の乖離が大きくなっていく。

株価のうち業績を反映した部分を「ファンダメンタル部分」、株価上昇を当て込んだ部分を「投機部分」としよう。株価に占める「ファンダメンタル部分」の比率は、「110÷

120＝0.916」なので、1年後には92％。同様に「121÷144＝0.840」なので2年後84％。以後、3年後77％、4年後71％、5年後65％と時間の経過とともに下がっていく。ただしこのケースだと、5年後にも「ファンダメンタル部分」が株価の3分の2を占め、「ファンダメンタル部分」が「投機部分」に勝っているから、大きなバブルが発生することはない。

ところが、株価の上昇に魅せられて、毎年5％ずつ株価の期待上昇率が高まっていくとどうなるか。「ケース②」のように、20％、25％、30％、35％、40％と、実際の株価も期待通り上昇するとなると、1年後から5年後の株価は１２０、１５０、１９５、２６３、３６９となる。その場合、株価に占める業績を反映した「ファンダメンタル部分」の比率は、1年後は92％で「ケース①」と同じだが、2年後には「121÷150＝0.806」で81％。以後、3年後68％、4年後56％、5年後44％と急速に低下する。

言い換えれば、「投機部分」が株価に占める比率は、1年後が「100％－92％＝8％」で8％、2年後が「100％－81％＝19％」で19％に。以後、3年後32％、4年後44％、5年後56％と「投機部分」は拡大し、4～5年後あたりから株価は「ファンダメンタル部分」ではなく、「投機部分」の思惑によって左右されるようになる。

その際には、ババ抜きの要素がいやでも増すから、売り抜けようとして後から投資に参加した投資家が求める株価の期待上昇率は、もっと高くなっているだろう。日本のバブルやナスダックのＩＴバブルをはじめ、ほとんどのバブルが最終局面で、天まで届くような急騰を演じるのはこのためだ。

企業業績の拡大と株価の期待上昇率の初期段階のズレが、数年を経ないうちに巨大なバブルにつながるというのは、意外に思われるかもしれない。だがバブルの発生局面では、画期的な新時代の到来が語られ、足元の好況が永遠に続くような感覚が世の中を支配する。

80年代の日本では「債権大国日本」や「国際金融センター東京」が語られ、90年代の米国ではインターネットによる「生産性革命」や「新しい経済（ニュー・エコノミー）」の到来が寿がれた。「新しい経済」と述べたのは、ほかならぬグリーンスパンＦＲＢ議長（当時）である。

金融緩和下のレバレッジ効果

バブルの発生と膨張には、そうしたユーフォリア（陶酔感）の物語に加えて、金融緩和という環境が重要となる。金融緩和のおかげで、低金利で銀行などからお金が借りやすくなることである。投資する際に資金の制約がなくなるのは言うまでもない。

それにも増して、投資家にとって重要なのは「レバレッジ効果（テコの原理）」と呼ばれる、外部負債を使った投資収益率の向上策である。

自分の手元資金だけでなく、他人からの借り入れ（外部負債）を使って投資すると、なぜ収益率が高まるのか。熊野英生『バブルは別の顔をしてやってくる』（日経プレミアシリーズ）が挙げる事例に若干手を加えて説明しよう。例えば、顧客から10億円の資金を預かっている投資ファンドが、利回り4％の物件に投資したとしよう。この物件の価格が100億円なら、この投資ファンドは10億円の手元資金では足りないので、90億円の借り入れ（外部負債）をする必要がある。低金利のご時世なので、借入金利は年1％とみておこう。

総資産100億円から上がる利益は「100億円×4％＝4億円」となる。一方、借り入れ90億円に支払う金利は「90億円×1％＝0.9億円」。「総資産から上がる収益－借り入れへの支払金利」は、「4億円－0.9億円＝3.1億円」なので、この3・1億円が投資ファンドの収益となる。ところで、この投資ファンドの手元資金は10億円だったから、「3.1億円÷10億円＝0.31」となる。0・31つまり年間の運用利回りが31％に達する勘定となるのだ。

「低金利の下でも高収益」ともてはやされる投資ファンドにとって、孫悟空の如意棒に当たるのが、外部負債を利用した「レバレッジ効果」なのだ。ここで注意を促しておきたいのは、手元資金に対する外部負債の比率（レバレッジ比率）を高めた投資は、うまくいった時はもうけが大きい半面、失敗した時には手元資金が簡単に吹き飛び、外部負債の山だけが残ってしまう点だ。

ここでは手元資金が1に対して外部負債は9、つまりレバレッジ比率9倍という、やや極端な例を挙げたが、バブル期には多くの投資家が大なり小なりレバレッジを高めがちだ。否、投資家ばかりでなく、普通の企業や家計も借金をして投資や消費に走ることになる。その際の元手となるのが、保有する株式や不動産の「含み益」である。

含み益とは取得原価（簿価）と時価の差額である。バブル期の日本企業の場合は、昔から保有する土地の時価が上がったことから、この含み益が拡大した。含み益を担保にすれば、銀行から容易に資金を借りることが可能となり、内外で設備投資やM＆A（企業合併・買収）にアクセルを踏む格好となった。上場企業の場合は、株高を追い風にしたエクイティファイナンス（新株発行を伴う資金調達）も、企業活動の背中を押した。

永野健二『バブル　日本迷走の原点』（新潮社）が指摘する三菱地所のストーリーは目に鮮やかだ。１９８６年当時、三菱地所の保有する土地・建物の評価額は、帳簿上はゼロに近かった。それが時価評価すると、７兆５０００億円になる。そんな試算を86年3月20日付の

『日本経済新聞』が掲載すると、三菱地所の株価はストップ高になった、というのだ。この試算は当時、日経証券部記者だった永野氏らが行ったものであるが、株式市場は含み益の持つパワーに目覚めることになった。

東京・豊洲に土地を持つ石川島播磨重工業（現ＩＨＩ）、東京ガス、日本鋼管（現ＪＦＥホールディングス）が御三家と呼ばれ、東京湾岸に土地を持つ企業の株が土地の含み益だけで買われた。証券会社の社員は寄ると触ると東京湾岸の地図を広げ、「ここの土地はどこの会社なのか」を話題にした。

永野氏が指摘するように、日本企業の持つ含み益の大半は所有土地の評価だった。本来は株主に帰属するはずの含み益が、企業経営者の自由裁量に委ねられた結果、土地を打ち出の小づちにするバブルが拡大した。メインバンク（主取引銀行）は土地を時価評価した含み益を担保にして企業に融資する。土地の評価額が上昇し続ける限り、企業の収益が市場金利を大幅に下回っても、もっといえば赤字経営が続いたとしても、企業の存続が可能になり、銀行も焦げ付き（貸し倒れ）が生じる心配がない。

そう述べて、永野氏は一歩踏み込む。「土地本位制」ともいえる有担保主義、メインバンクと企業の安定した関係、株式の持ち合いによる株主の拒否権の放棄、そしてシェア（市場占有率）至上主義というべき企業の低収益下での過当競争。あえて付け加えれば、長期雇用、年功序列、労使協調型の企業内組合。これら日本的な経営システムを可能にしたのが、含み益の存在だった。言い換えれば、日本の土地と株のバブルが崩壊したことは、そうした経営システムを揺るがすことになったのである。

バブルの山々の見取り図

冷戦が終わった1990年代以降、グローバル化、IT化、金融の自由化が進んだ。経済に比べて金融のウエートは飛躍的に高まった。世界景気の波も実物投資の振幅よりもむしろ、バブルの膨張と崩壊（ブーム・アンド・バースト）によって形成されるようになった。国際投資家のジョージ・ソロス氏らは、かねてそうした認識を示している。

そこで、今世紀に入って以降の代表的なバブルをグラフ化してみよう（図表34）。米国のITバブルを象徴するのは、ハイテク株の多い「ナスダック総合指数」。次に米国の住宅バブルを測る物差しとしては、「S&Pケース・シラー住宅価格指数」がある。そして新興国経済のブームと商品市況の過熱を示すのが「原油（WTI）価格」。リーマン・ショック後は中央銀行がしゃにむに資産を購入しているが、中央銀行のバブルというべき状況を物語る

図表34　4つの巨大バブルのリレー

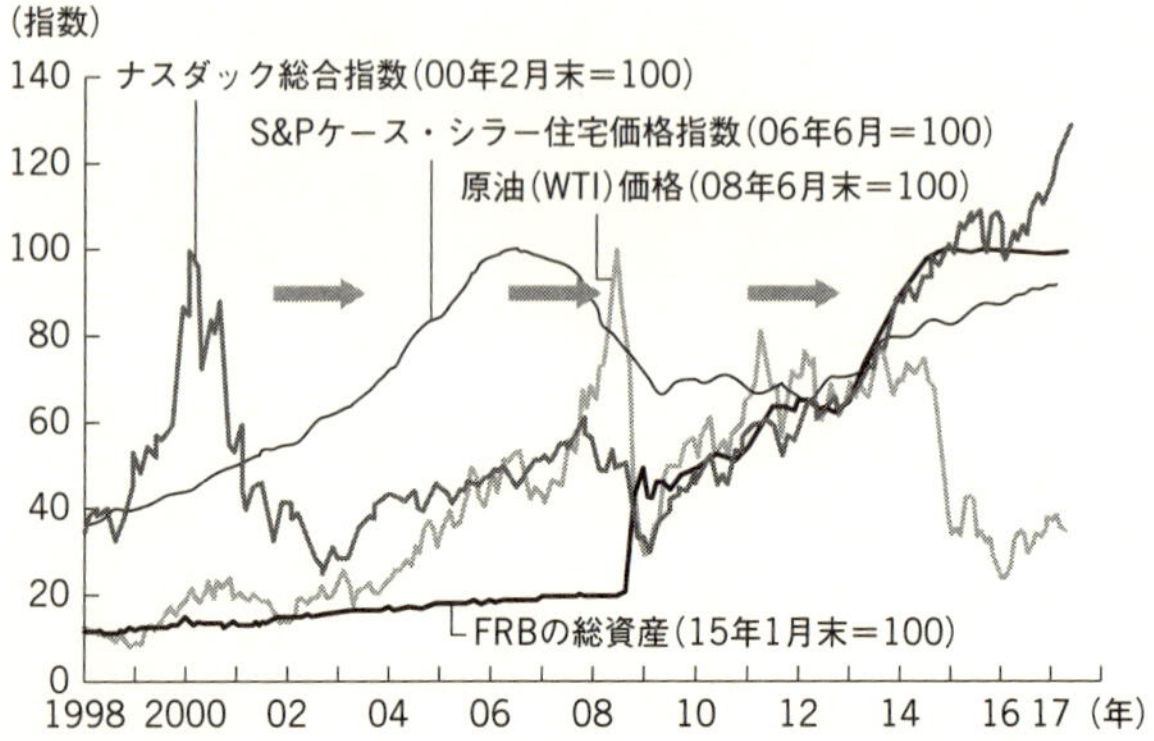

のは、「米連邦準備理事会（FRB）の総資産」だ。

ナスダックは2000年、米国の住宅は06年、原油は08年、FRBの総資産は15年の時点のピークを各々100として描くと、この4つのバブルはあたかもリレーのバトンを渡しているかのようにみえる。08年のリーマン・ショックで世界は大不況に陥り、国際金融システムはガタガタになった。当時、ニューヨークで取材していた筆者は、これでバブルの循環は終わったな、と考えた。

だがマネーとマーケットは、筆者が考えていたよりはるかにしたたかだった。FRBが金融と経済の底割れを防ぐために実施した金融の量的緩和を元手に、米国株は不死鳥のように蘇ったのだ。ナスダック総合指数は今やリーマン・ショック前

図表35　リーマン・ショック後はFRBの総資産拡大で米国株高に

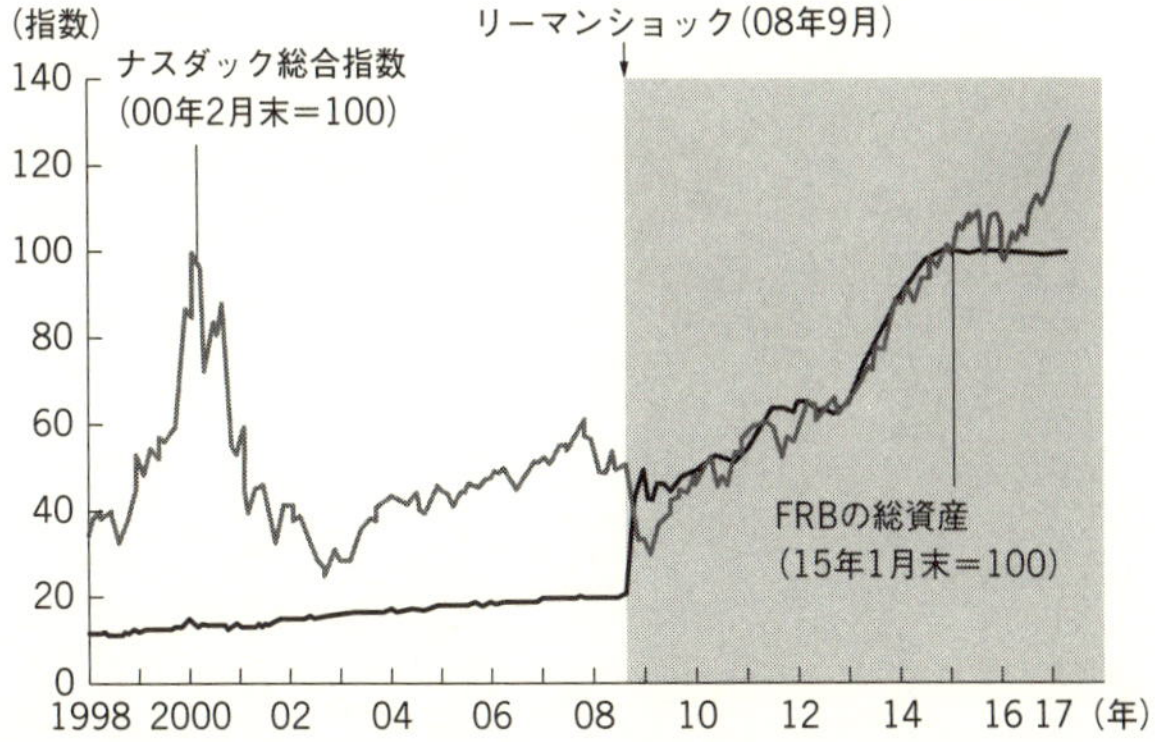

より高水準。いやそれどころか、２０００年のＩＴバブル当時の最高値をも軽々と上回っている。ただし、リーマン・ショックの前と後では、株価形成に大きな違いが見て取れる。

リーマン・ショック前の株価上昇のけん引役になったのは、ＩＴや住宅といった民間の経済活動。それに対し、リーマン後の米国株高を促したのは、ＦＲＢによるマネーの供給である。図表35をみれば、一目瞭然。リーマン前は、ナスダック総合指数の値動きとＦＲＢの総資産との間には、ほとんど何の相関関係もなかった。ところが、リーマン後のナスダックはＦＲＢの総資産の拡大と平仄を合わせて上昇している。15年以降、再びナスダックのＦＲＢ総資産離れが起きるが、それについては第５章で後述しよう。

これらのバブルの山々は米景気を左右し、ひいては世界経済の振幅の要因になってきた。そしてグリーンスパン、バーナンキ、イエレンと続く歴代のFRB議長は、こうしたバブルの循環を演出し制御してきた（ただし、ボルカー元議長はそうした手法に極めて批判的だった）。まずグリーンスパンは議長としてIT革命と金融革命を称揚し、「バブルは崩壊してみないと、バブルとは分からない」とうそぶいた。

巨大バブル崩壊と限定的バブル崩壊

こうしたバブルはいずれ崩壊する。バブルが崩壊すると、バランスシート（貸借対照表）の「資産」の価値は見る見る減少するが、半面で「負債」はそのまま残るので、企業や家計の財務は窮地に陥る。企業の場合はもうけが出ても前向きの投資に充てるのではなく、負債の返済に回さなければならなくなる。家計も給与やボーナスを消費に回す前に、住宅ローンの返済に充てなければならなくなる。結果として、消費や投資といった需要は落ち込み、景気は悪くなる。

バブル崩壊後の「バランスシート不況」であるが、問題はそれだけにとどまらない。企業や家計にお金を貸していた銀行が、貸した金の焦げ付き、つまり不良債権問題に直面するのである。深刻なのは不動産を担保にした企業向け融資である。企業の業績が悪化するうえに、担保となっていた不動産の価値が下落することによって、貸したカネが返ってこないとなると、銀行の信用が揺らぐ。金融は経済の血液循環ともいえるので、信用システムが傷つくと、経済活動は停滞する。

銀行への不安が募ると、しまいには預金の取り付けが起こる。バブル崩壊後の日本では1997年11月に北海道拓殖銀行や山一證券の大型破綻が相次ぎ、深刻な金融危機に発展した。預金の引き出しに怯えた銀行は、貸し渋り、貸しはがしに走り、金融はマヒ状態に陥り、経済活動は萎縮した。98年の日本は戦後初のマイナス成長に陥り、その年から物価が慢性的に下落するデフレ経済に突入した。「就職氷河期」という言葉が示すように雇用状況は悪化し、その後遺症は今も続いている。

バブルはいずれ崩壊するにせよ、問題はバブル崩壊の後遺症の深刻さにある。あえて分類すれば、ひとつは今述べた90年代以降の日本のような「信用（銀行）システムの崩壊を伴うバブル崩壊」であり、もうひとつは「信用システムへの影響が小さくて済んだバブル崩壊」である。前者を「巨大バブル崩壊」とすれば、後者は「限定的バブル崩壊」と呼べるだろう。

手っ取り早く言えば、銀行がつぶれて、世の中のカネの流れが滞るかどうかが、両者の分け目である。

後者からいえば、87年のブラック・マンデーや2000年のITバブル崩壊が典型だろう。ブラックマンデーに際しては、米国を筆頭に日欧の中央銀行が流動性、つまり資金繰り確保のためのお金を供給した。長期金利に対して割高な株価が調整しただけだったから、翌88年には世界の株式市場は元に復した。日本は金融引き締めのタイミングが遅れ、バブルになった。

ITバブルもネット企業を先頭にナスダックの株価が行き過ぎていたものだった。グリーンスパンFRB議長はITバブルが崩壊すると、思い切って金融を緩和した。と同時に、FRBが低金利という環境をしつらえることで、ブッシュ（ジュニア）政権の「持ち家社会（オーナーシップ・ソサエティ）」政策と手を携えて、住宅を米経済のけん引役にしようとした。

その住宅がバブルとなってやがて崩壊するのだが、バブルが頂点にさしかかり破裂しようとしているさなかに、グリーンスパン氏は住宅価格の高騰を「バブルではなくフロスだ」と表現した。フロスというのはビールをコップに注いだ際の小さな泡のこと。要するに「大した問題ではない」という診断を下していた。完全に見立てを誤ったのだ。

当時、「マエストロ（巨匠）」と呼ばれていたグリーンスパン氏としては、「バブルは崩壊してみないと、バブルとは分からない」と思っていたうえに、「たとえバブルが崩壊しても、迅速に金融を緩和すれば経済は元の回復軌道に復する」との思いが強かったはずである。ITバブル崩壊後の金融緩和の成功体験がマエストロの心に驕りを生んだのである。その心理はブラック・マンデー後にいち早く株価が回復し、ジャパンマネーの力で世界を席巻した当時の日本の経営者や政策担当者に似ているような気がする。

さて前者の「巨大バブル崩壊」としては、1929年の大恐慌以降の米国、バブル崩壊後の90年代以降の日本が、教科書的な代表例といえるだろう。08年のリーマン・ショック後の米国は、「巨大バブル崩壊」に新たな実例を加えるかと思われ、米国も世界も崖っ縁まで追い詰められた。その土俵際で当時のブッシュ、オバマ政権とバーナンキ議長の率いるFRBは何でもありの対策を打ち出して、経済と金融の底割れを何とか防いだ。

資産と負債のギャップが生じ、バランスシートが傷ついた米銀に対しては、迅速な公的資金（税金）の注入が行われた。景気の落ち込みに対しては、大規模な財政支出が行われた。そして、FRBは08年末には政策金利をゼロ％に引き下げるとともに、資産担保証券（ABS）や住宅ローン担保証券（MBS）や国債を購入した。

民間の市場の機能がマヒしたのに対し、ＦＲＢが信用を補うための措置であるとして、バーナンキＦＲＢ議長は「信用緩和（Credit Easing）」と称した。ただ09年3月にＦＲＢが国債の購入に踏み切り、世の中にお金をじゃぶじゃぶ供給しだすようになってからは、「量的緩和（Quantitative Easing＝QE）」という言い方が一般的になった。ＦＲＢが「バブルの身代わり地蔵」となったことで、その後の資産価格形成が激変したことについては、すでに述べた。

10年以降の欧州政府債務危機も、ユーロの登場をきっかけにした欧州周辺国への投融資のバブルが崩壊したもので、頭文字をとってＰＩＩＧＳと呼ばれたポルトガル、アイルランド、イタリア、ギリシャ、スペインの経済と金融は窮地に陥った。

なかでもギリシャは事実上の国家破産に追い込まれたが、欧州全体としてみれば欧州中央銀行（ＥＣＢ）が何でもありの金融緩和に踏み切ることで、これまた何とか信用システムの崩壊を起こさずに済んだ。欧州政府債務危機後のＥＣＢも「身代わり地蔵」になったことは、いうまでもない。

皮肉にも、ＦＲＢやＥＣＢに対し偉大な「反面教師」としての役割を果たしたのが、バブル崩壊後の１９９０年代の日本である。バブル崩壊で生じた銀行の不良債権の処理が先延ばしにされている間に、不動産の価格は下がり続け、資産と負債のギャップは拡大し続けた。やがて企業や銀行が債務超過となり、大手の金融機関が破綻に追い込まれた。97年に拓銀や山一が破綻した掛け値なしの金融危機である。

なぜ日銀の金融政策は遅れるのか

日本についてバブルを論じる際には定番のテーマがある。１９８５年に、ドル高是正のために日米独英仏の先進５カ国（Ｇ５）の蔵相と中央銀行総裁が結んだ「プラザ合意」である。プラザ合意後の金融緩和の呪縛がバブル経済を招いた。最近、刊行されているバブル回顧本も、そうした記述を自明のこととしている。

その事実に間違いはないが、もうひとつ「不都合な真実」を加えなければならない。日本の金融政策はどうしても米国の政策の後追いになる傾向があるという点だ（図表36）。みずほ総合研究所の高田創チーフエコノミストがかねて指摘するように、①日銀は日米欧の中央銀行で常に最後に利上げ、②日銀の利上げの翌年はすべて世界同時減速、③同時に、世界的な金融市場の変動が生じ、新興国問題が生じる。

経済学者は海外の影響を遮断した精緻な「一国モデル」を作ることを好むが、そうしたモ

図表36　米欧に後れを取る日本の金融引き締め開始時

	米国	ドイツ(欧州)	日本
1回目 1970年代前半	1973/1(二番目)	1972/10(最初)	1973/4(最後)
2回目 1970年代後半	1977/8(最初)	1979/3(二番目)	1979/4(最後)
3回目 1980年代後半	1987/9(最初)	1988/7(二番目)	1989/5(最後)
4回目 1990年代後半	1999/5(最初)	1999/11(二番目)	2000/8(最後)
5回目 2000年代半ば	2004/6（最初）	2005/12(二番目)	2006/7利上げ (最後)
6回目 今回	2015/12（最初）	出口の観測が 浮上	出口見えず

（出所）みずほ総合研究所
（注）欧州は3回目までドイツ連銀、4回目以降はECB

デルは往々にして大国である米国の金融市場を基に形成された。経済の成長を輸出（外需）に頼る度合いの大きい日本については、経済が国際変動に晒されることを前提にした「小国開放モデル」を作らないと、典型的な観念遊戯になってしまうのではないか。

ではなぜ日銀の金融政策のサイクル（循環）は、金融緩和も含めて米国に比べて遅れるのだろうか。日本側の理由として、輸出依存型の成長モデル、円高シンドローム（症候群）、政府・日銀の力関係を挙げることができよう。米国側の理由としては、自国本位の金融政策、基軸通貨ドル中心のグローバル化を挙げられよう（図表36）。

円高症候群とニクソン・ショック後のバブル

１９７０年代前半の「ケース１」には、ニクソン・ショック後の円高症候群が影を落としたのは、言うまでもない。１ドル＝３６０円の固定相場制を前提とした輸出依存型の成長モデルが揺らぎ、時の田中角栄政権は大型予算を組むと同時に日銀に金融緩和を求めた。その結果、消費者物価は急上昇したが、日銀が利上げに転じたのはその後だった。

日本の政策ミスばかりが語られるが、当時のニクソン政権が台頭する経済大国・日本に良からぬ思いを抱いていたという事実を忘れてはならない。金とドルの交換を停止し、ドルを意図的に切り下げたのは、米国の輸出競争力の回復を狙ったからにほかならない。その立役者のひとりは後にＦＲＢ議長となったボルカー財務次官である。

そして米国自身が景気対策を狙った金融緩和を続けたことも相まって、世界中にばら撒かれたドルはインフレの火種となる。国際商品市況の高騰であり、73年10月の第４次中東戦争をきっかけとした石油危機である。狂乱物価を招いた田中政権のカジ取りは褒められたものではないが、日米の力関係を無視した金融政策の記述はおとぎ話だろう。

70年代後半の「ケース2」には、カーター政権のドル安政策が絡む。積極財政・金融緩和・ドル安の典型的なケインズ主義政策で、米景気を浮揚させようとした。その結果、贔屓の引き倒しのようなもので、ドル相場は1ドル180円も割り込み、ドル不安が巻き起こる。

インフレが昂進するなか、カーター政権は78年11月に協調介入と大幅利上げを軸とするドル防衛に乗り出し、ドルは反発する。カーター・ショックである。インフレ・ファイターのボルカー氏がFRB議長に指名されたのは、このタイミングだった。

日本はといえば、円高による輸出悪化に苦しめられ、金融引き締めどころではなかった。79年4月に国会開会中にもかかわらず、利上げに踏み切った前川春雄日銀総裁が懐に辞表を忍ばせていたのは有名な話である。文人宰相・大平正芳氏はその決定を受け入れた。米国が世界中にドルを撒き散らしたおかげで、78年暮れから79年にかけて第2次石油危機が起きたのは、「ケース1」と同じだ。

プラザ合意とバブルの時代

「ケース3」から「ケース5」では、金融緩和も引き締めも米国の後を追った。85年のプラザ合意以降（ケース3）では、ベーカー財務長官ら米当局者がドル安誘導の口先介入を行い、日本は円高圧力に直面する。円高不況を恐れる円高症候群が巻き起こるが、財政再建を急ぐ大蔵省は積極財政を渋り、日銀に金融緩和を求める。米国→日本、大蔵省→日銀という、絵にかいたような「抑圧移譲の政策体系」が、長すぎた金融緩和とバブルを引き起こした。

人口に膾炙した説明だが、日銀も手をこまぬいていた訳ではない。政策の実権を握っていた当時の三重野康副総裁は、87年10月17日に有力メディアの経済部長を昼食懇談に招き、同年11月をメドに当時2・5%と過去最低だった公定歩合を引き上げる意向を伝えた。日銀首脳が利上げを宣言するなど前代未聞のリークだが、グリーンスパンFRB議長は87年9月に公定歩合を引き上げ、西独連銀は同年9月から短期金利の高め誘導を開始していた。

三重野氏の意がかなっていれば、バブルの膨張はある程度抑制され、その後の日本経済は違ったコースをたどったかもしれない。ところが、そうは問屋が卸さなかった。87年10月19日の月曜日、米国発の世界同時株安（ブラック・マンデー）が引き起こされたからである。再び円高が加速し、日銀は利上げのカードを封印させられる。

ブラック・マンデーの騒動は思ったより早く収まり、西独は88年春から短期金利の高め誘導に転じ、88年7月には公定歩合を引き上げる。日銀が公定歩合引き上げに転じたのは、その翌年の89年5月だった。こう記すと、日銀がいかにも愚鈍だったようにみえ、経済史家たちはそう記す。だが、そうした後知恵を排して、当時を振り返るならば、日本の利上げが遅れたのも不思議ではない。

日本は巨大な経常黒字を計上し、海外への資金還流が大きな課題になっていた。黒字国の金利をアンカー（いかり）のように低く保つことによって、海外への資金の還流も果たされるという「アンカー論」が一世を風靡していた。その日本が金利を上げれば、米国への資金流入が細り、再びブラック・マンデーが引き起こされかねない。低金利は国際貢献だ、というわけである。

しかも、円高を克服して景気は好調で、物価も低水準ときていた。株価や不動産価格は上昇したが、それは日本の実力を示すあかし、と受け止められた。さすがに89年に入ると、一部のエコノミストは株価の割高さを指摘し始めたものの、日本は土地が狭く第1次石油危機の直後を除いて不動産価格は下げたことがなかったことから、不動産市場の過熱感を指摘した向きは少なかった。

90年に株式、91年には不動産のバブルが崩壊したが、それまでの日本は最も心地よいユーフォリア（陶酔感）に浸っていたのである。日銀の金融引き締めが遅れたのは事実だが、89

年12月に3度目の公定歩合引き上げを実施した時点でも株価は上昇していた。日経平均株価が史上最高値の3万8915円を付けたのは、89年12月の大納会の日である。

90年初に株式のバブルが崩壊してからも、日銀は4度目と5度目の利上げに踏み切る。出し遅れの証文のような追加利上げはバブル崩壊を加速させた。だが当時の支配的な認識は、①上がり過ぎた資産価格と実体経済は別物、②不動産は高くなり過ぎており価格調整が必要というもので、三重野を「平成の鬼平」と讃える声も多かった。

米住宅バブルと「大いなる安定」の幻想

2000年代の小泉純一郎政権の下で、日本経済はいったん上向き、バブル崩壊後の「失われた10年」から脱却したかに思われた。竹中平蔵金融担当相が豪腕を振るった、先送りを許さない不良債権の抜本処理でバブル崩壊後の負の遺産を片付けた。

福井俊彦総裁の率いる日銀が当時としては思い切った量的緩和を実施するとともに、財務省の溝口善兵衛財務官はテーラー米財務次官との緊密な意思疎通を図ったうえで03年から04年にかけて総額35兆円の円売り介入を実施した。この量的緩和と大規模介入は相まって、円高の流れに歯止めをかけ、いったんはデフレの圧力は弱まった。

一連の合わせ技で、バブル崩壊後の不況から抜け出したのだ。株価も上向き、六本木ヒルズに集うハイテクのベンチャー企業や外資系金融機関を「ヒルズ族」と称した。ホリエモンこと堀江貴文社長の率いるライブドアは、株式分割で自社の高株価を演出し、その株式を使って企業買収を仕掛けた。通商産業省（現経済産業省）出身の村上世彰氏の率いる村上ファンドは、含み益がありながら割安な株価で放置されている企業を標的にした。

堀江氏は風説の流布や粉飾決算の疑いで、村上氏もインサイダー容疑で逮捕され、いったんは表舞台から退いたが、含み益に安住する日本型経営システムの怠惰な部分を突いたという意味では、積極的な役割を果たしたと評価されるべきだろう。村上氏が投資を活発化しだした昨今は、2000年代半ばにかけての「ヒルズ・バブル」の時代を想起させるようでもある。

実は、日本が不況から脱却できた裏には、2000年代に膨らんだ米国の住宅バブルがある。住宅ブームは米国の家計に打ち出の小づちを提供した。住宅の値上がり益（ホームエクイティ）を担保に、銀行から融資を受けて家具や家電や自動車の購入に充てる。信用力の低い個人（サブプライム層）に対する融資である「サブプライム・ローン」も浸透した。銀行はサブプライム・ローンを自らのバランスシートに抱え込むのではなく、投資銀行などに転売し、新たなローンを組んだ。

投資銀行は銀行から集めたサブプライム・ローンを、信用度に応じて切り分けて「証券化商品」を組み立てた。その商品には格付けが施され、高格付けの商品は欧州など海外の投資家もこぞって購入した。金融緩和による住宅ブーム、証券化という名の金融技術、グローバルな投資資金の流れ――これらが相まって、米国の住宅バブルが膨らんでいった。

そのピークは06年半ば。折しも日本では「ケース5」が到来した。06年3月の量的緩和解除と同年7月のゼロ金利解除である。FRBは04年6月から06年6月にかけてFF金利を1・0％から5・25％へと上げており、日銀はその動きを追った。この際も政府は日銀に反対したが、消費者物価がプラスに転じたとして福井総裁の率いる日銀は押し切った。

結果としては、06年は米国の住宅バブルのピークだった。バブル崩壊に伴い、07年8月にはパリバ・ショックが、08年9月にはリーマン・ショックが世界と日本を襲う。FRBはパリバ・ショック後の07年9月にFF金利を4・75％へと0・5％下げ、リーマン・ショック前には2・0％まで引き下げていた。一方、日銀は07年2月に0・5％まで引き上げたコール金利を、据え置いていた。

その時期は、中国など新興国の台頭が米国からのドル資金流出と重なり、国際商品市況の高騰を招く。原油価格が1バレル＝148ドル台を付けたのは、リーマン・ショックの直前である。この辺も過去のケースと同じである。ただ、こうした要素を除くと国内の物価の上昇力は弱かった。

中国経済の合わせ鏡を生んだ米国のバブル

ここで米国の住宅バブルが中国経済の急速な台頭を招いたメカニズムにも触れておこう。米国の住宅バブルが膨らむ局面では、米国の消費が拡大し輸入が膨らんだ。その米国向けに中国の輸出が飛躍的に伸びた。中国は01年に世界貿易機関（WTO）に加盟したこともあって、自由貿易の恩恵をフルに享受し、労働コストの低さも相まって「世界の工場」の地位を確立した。米企業は中国を生産拠点とし、自らのサプライチェーン（供給連鎖）に組み込んだ。

その中国は世界中の資源や食料を「爆食」し、原材料の輸入を急拡大した。原油などの国際商品は相場の位相が上抜ける「スーパー・サイクル」に入った。米中は幸せな「合わせ鏡」の関係にあったが、08年にリーマン・ショックが世界を襲う。米住宅バブルの崩壊は中国経済の成長モデルを崩すかに思われたが、ここで中国は4兆元（約60兆円）の経済対策に踏み切る。この景気対策で中国経済は上向き、世界経済も救われる。

10年には中国は名目国内総生産（GDP）で日本を抜き、世界第2の経済大国に躍り出る。だが好事魔多し。リーマン・ショック後の経済対策が、過剰投資と過剰債務の問題となって、その後の中国経済の足かせとなっているのである。15年6月の中国株バブルの崩壊、15年8月の人民元急落（人民元ショック）、そして海外への資本流出の波などは、中国経済の抱える問題点を浮き彫りにしている。

以上、5つのケースをモデル化すると、次のようになるだろう。輸出主導の日本経済は円高を嫌うので、米国が金融を緩和している局面では、緩和姿勢をとる。米国が緩和から引き締めに転じる過程では、日米の金利差が開くので、円高の圧力も和らぐ。

米国が引き締めに踏み切る背景には、米国の景気好転やインフレ圧力の高まりもある。そうした局面では世界経済の調子も良く、日本からの輸出も伸びるなど、日本経済にとってもプラスに働く。かくて日銀も大急ぎで金融引き締めに転じる。

ただし、そのころには世界経済にも矛盾がたまっている。米国の金融緩和で世界中にドルがばら撒かれているうえに、米景気の好転で輸入拡大を通じて一段とドルが流出するからだ。結果として、ドルの価値が下がるとともに、原油などの国際商品市況が上昇する。

もうひとつ見逃せないのは、ドルが金というくびきから解き放たれた変動相場制の下では、モノ（実体経済）に比べてカネ（金融経済）の拡大のテンポが速いということだ。米国の緩和局面では金融活動の拡大に弾みが付くが、引き締めでブレーキがかかると思わぬところでほころびが出る。

かくて、米国は引き締めの手綱を緩め、緩和へと転じる。その局面では、円高になるので日本も緩和へと舵を切る。かくて、遅れてきた引き締め期は終わり、緩和期となる。

日本の引き締めが遅れる背景には、景気を重視する政府が日銀を牽制するという事情も働いている。98年に日銀法が改正されるまでは、政府に対する日銀の独立性が弱かったので、そうした傾向が顕著だった。狂乱物価を招いた1回目のケースと、バブルを生んだ3回目のケースについては、特にそういえる。

デフレ下の政府・日銀の関係

ただし、日銀法改正によって政府に対する独立性が高まって以降の、4回目と5回目のケースについては、ちょっと事情が異なる。確実にデフレから脱却する前に、引き締めに転じてしまったからだ。特に4回目については、弁明の余地はあるまい。5回目については議論の余地があるにせよ、時の政府が日銀のデフレ脱却努力に疑念を抱いたのは確かだ。

しかもリーマン・ショック後の金融緩和競争で、米欧に競り負けたとの見方が広がったこ

図表37　日米欧の政策金利の推移

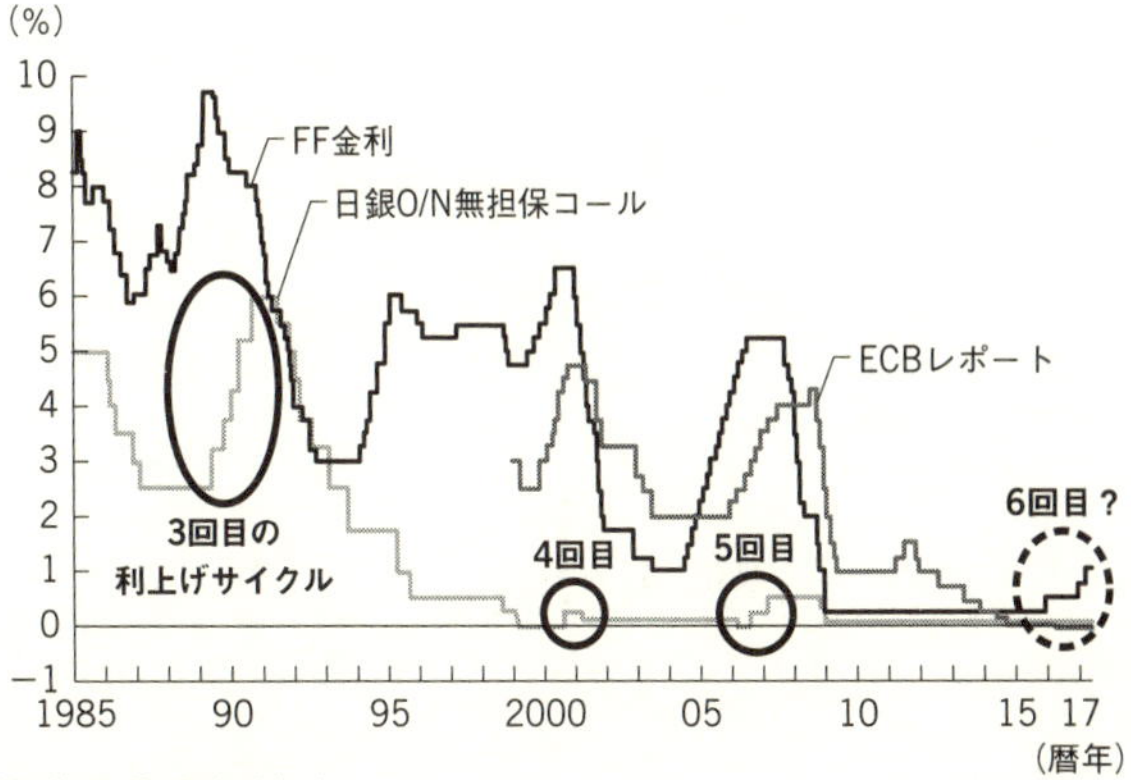

（出所）みずほ総合研究所

とも、日銀への風当たりを強いものにした。バーナンキFRB議長による大規模な量的緩和はドル安の圧力を強め、日本は実力以上の円高に見舞われた。

03～04年の際と異なり、機動的な円売り介入が封じられるなど、日本の対抗策は乏しかった。それは確かであるにせよ、「もう少し何とかならないのか」というのが多くの国民の本音だったろう。日銀に対しては、「FRBの向こうを張った大規模な緩和を行ったらどうか」という声が強まった。

白川方明日銀総裁は金融緩和競争に消極的だったが、それには理由がある。リーマン・ショック後に進んだ円高についても、「その前に円安が行き過ぎており、その巻き戻しという意味がある」。そんな認識を持っている、と当時の日銀首脳から聞いたことがある。

日銀出身のエコノミストにはリフレ政策を批判する余り、「経済成長にとってもっとも重要なのは、新しいモノやサービスを生み出す需要創造型のイノベーション」という吉川洋氏の所説を引く向きもある（翁邦雄『日本銀行』（ちくま新書））。原則はその通りであるにしても、デフレ不況という日本が直面していた難局を踏まえると余りにも優等生的な言辞のような気がする。

リーマン破綻後に名目ＧＤＰが一時約50兆円も減少する経済収縮のなかで、どのような需要創出型のイノベーションを考えろというのだろうか。産業空洞化に拍車がかかるなかで、円高を放置したままで、どのような雇用創出が可能だというのだろうか。何しろトヨタ自動車ですら単独ベースでは08年度から11年度まで４年連続の営業赤字で、赤字額は合計で１兆４０００億円を越えていたのだから。

少なくとも、円高・株安という市場に染みついた「期待」を反転させないことには、国際金融市場におけるパワーゲームでは生き残れないように思える。アベノミクスと異次元緩和に乗り出した黒田日銀は、世界経済の変動に受け身で臨むのではなく、生き残りを懸けてパワーゲームの世界に打って出たようにみえる。

第 5 章

新たな宴と
大いなる巻き戻し

「京（けい）」。兆の1000 0倍の単位である。世界の家計金融資産を足し上げると、この「京」円単位となる。文字通り天文学的な規模まで膨らんだマネーが、少しでも高い収益を求めうごめく。彼らが求めるのは、新たな成長の物語がある。

2017年央にかけて盛り上がったのは、米国の装い新たなハイテクの宴だった。株式時価総額の上位5社はアップル、グーグルなどIT関連。AI革命が世の中を大きく変えつつあるのは間違いないにせよ、ハイテク株の時価総額は余りに急膨張している。

その一方で、中央銀行の集まりである国際決済銀行（BIS）は、金融緩和の「大いなる巻き戻し」を唱え始めた。米連邦準備理事会（FRB）や欧州中央銀行（ECB）は大規模緩和からの出口に入りつつある。新たなる宴と大いなる巻き戻しのせめぎ合いの行く末はどうなるか。

世界中でだぶつくマネー

バブルが醸成されるのは、モノやサービスの生産、流通、消費、つまり実体経済に比べて、世の中に出回るお金の量が大きすぎるときである。ならば、実体経済と金融経済との釣り合いはどうなっているのだろうか。私たち一人ひとりが持っている現金や預金、株式や債券を足し合わせた家計金融資産を物差しにして、測ってみよう。

ボストンコンサルティンググループによれば、2015年時点の全世界の家計金融資産は前年比5・2％増の167・8兆ドル。円換算で1京8000兆円あまりとなる。本書を記すために調べて、日常生活ではめったに目にかかることのない「京」という桁と出合った。それほど、マネーの規模は大きくなっている。

実体経済の物差しである国内総生産（GDP）はどうだろう。国際通貨基金（IMF）によれば、15年時点で世界全体のGDPは74・2兆ドルとなっている。このGDPに比べて家計金融資産は2・2倍あまりにのぼるのだ。クレディ・スイスは16年まで世界の家計資産を集計している。金融資産以外も勘定しているため、16年時点の資産規模は255・7兆ドルと、2京8000兆円あまりとなる。

しかも資産の拡大のスピードは速い。ボストンコンサルティングは20年にかけて年平均6％で増加するとみており、20年の全世界の家計金融資産は224兆ドルと、2京5000兆円に迫る見通しだ。その間、実体経済も拡大するものの、20年の全世界のGDPは、IMFの予想では90・6兆ドルにとどまるとみられる。その結果、金融資産の実体経済に対する倍率は2・4倍あまりに広がる見通しだ。実体経済を大きく凌駕するまでに膨らんだ金融資産は、少しでも有利な投資対象を求めて、世界中をかけめぐる。その度にバブルが引き起こされる。そんな見立てに異論はないだろう。

金融資産の蓄積で、北米や西欧が優位を占めているのは、想像に難くない。15年時点で北米が60・4兆ドル、西欧が40・8兆ドルと、両者を合わせると全世界の金融資産の6割を占めている。ところが、金融資産の伸び率でいうと、15年は北米が1・8％、西欧が4・3％にとどまり、世界平均の5・2％を下回っている。日本の金融資産は13・6兆ドルだが、伸び率は4・4％と西欧並みである。15年は先進国の株価が足踏みしたほか、空前の低金利で預金や債券からの利息収入が伸び悩んだためだろう。

先進国を尻目に金融資産が著しく拡大したのは、中国を筆頭にアジア・太平洋地域だ。15年の金融資産は前年比で13・4％増の36・6兆ドルと、増加率は世界平均の2・5倍となった。20年にかけての伸び率も、アジア・太平洋地域は10・6％と2桁を維持する見込み。20年の金融資産の規模も59・8兆ドルと、世界全体の4分の1近くになるとみられる。いきおい、アジア・太平洋地域はバブルの多発地帯となるだろう。

格差拡大と背中合わせの家計資産蓄積

家計資産の蓄積は、格差の拡大と背中合わせである。クレディ・スイスによれば、保有資産金額別に見た富のピラミッドは図表38のごとし。1人当たり100万ドル、1億1000万円あまりを超える資産を保有する人は、全世界で合わせて3300万人。世界の総人口の1％にも満たない。彼ら超富裕層の保有資産の合計額は116・6兆ドルと、全世界の家計資産の45・6％にのぼる。「1％に満たない一握りの超富裕層が、世界の半分近くの富を握る」といった構図だ。

金融緩和に伴うマネーが、実体経済に比べた金融資産の膨張を招き、格差の拡大を生んでいる。しかも富裕層の消費性向（所得のうちで消費に回る割合）は中間層や貧困層に比べて低いため、金融緩和で景気を吹かしている割には、個人消費はパッとしない。そして富裕層が使い残したお金は金融資産として蓄積され、より良い運用利回りを求めて世界を駆け巡

図表38　金融資産のピラミッド

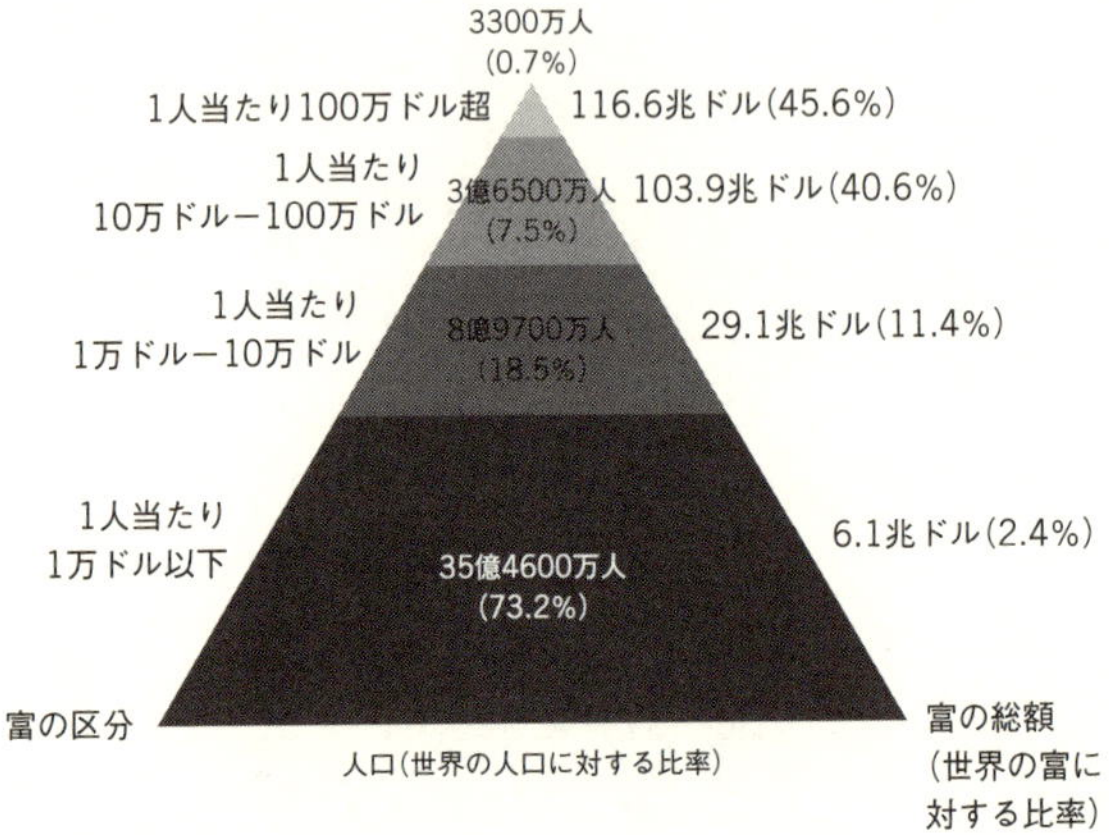

(出所) クレディ・スイス

る。実体経済に比べて金融資産のウエートが高まっていく。かくして、リーマン・ショックで懲りたはずなのに、バブルを生み出しやすい環境がしつらえられているのだ。

1980年代の日本のバブル、2000年にかけての米国のITバブルや2000年代の米国の住宅バブル、新興国や商品のバブル。これらは、いずれも経済が新しい時代を迎えたというユーフォリア(陶酔感)を背景にしていた。これに対し、リーマン・ショック以降に起きたのは、中央銀行がしゃにむにマネーを供給することで、一連のバブルの後始末をするものだった。

おかげで世界経済はリーマン・ショック

後も１９３０年代のような大不況になるのは免れ、何とか回復の足取りをたどっている。その一方で、世界経済にはサマーズ元米財務長官のいう「長期停滞」の影が差し始めているのではないか。実物投資が停滞し、実質金利が低下する世界である。長期停滞の悪夢は、景気にほどよい金利である「自然利子率」の低下への懸念となって現れている。

ビットコイン・バブル

リーマン・ショックまでだったら、世の中全体がユーフォリアに浸れたのに、今の世界は「長期停滞」が語られる。そうした環境の下では、ごく限られたテーマと市場にマネーが殺到し、局地的なバブルが発生する。ビットコインに代表される仮想通貨の世界は、その一例だろう。

「今のビットコイン市場はバブルになっているかも知れませんね」。17年6月14日の『日経プラス10』で、国内最大手のビットコイン取引所、「ビットフライヤー」の加納裕三社長をスタジオに招いた。番組の打ち合わせのため、6月初めに東京・赤坂のビルの一角にある同社を訪ねた際、加納社長はアッサリとビットコイン・バブルを認めた。

仮想通貨ビットコインは、インターネット上で使える世界共通のデジタルの通貨のこと。

図表39　ビットコインの価格推移

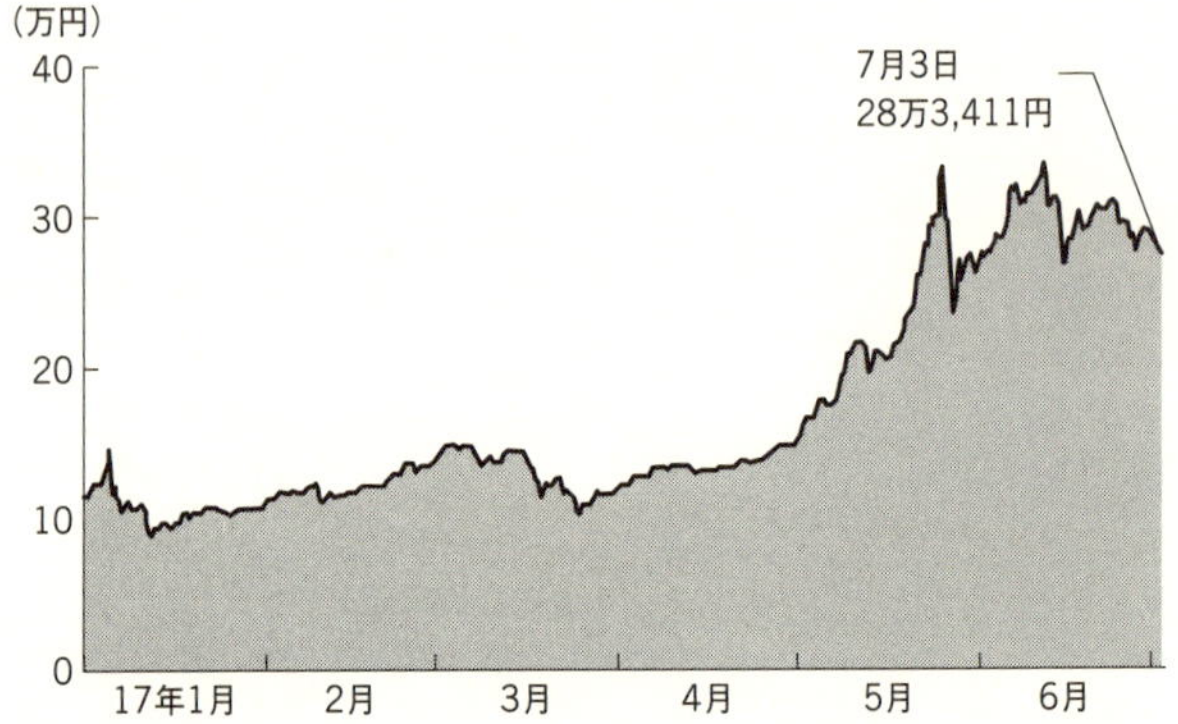

（出所）ビットフライヤー

銀行を通じた取引ではなく、個人間の直接取引なので、手数料が低いうえに、即時に送金できるのが大きなメリットだ。こうした「取引通貨」であると同時に、「投資」ないし「投機」の対象ともなっているのは、ビットコインは、発行の上限枚数が２１００万枚とプログラムで決められているためだ。

供給量が一定なので、購入する人が増えるほど、価格は上昇する。反対に購入者が減れば、価格は下落する。投資対象として利益を生むこともあれば、価格が下落して損をすることもある。加納氏はゴールドマン・サックス証券出身で、14年にビットフライヤーを設立した、投資家による売買の注文に応じている。ビットコイン取引を扱う事業者は国内で十数社あるが、ビットフライヤーは60万人以上のユーザーがいて、国内シェアは80％以上にのぼる。

ビットコインの価格をみると、米大統領選でトランプ候補が当選したのを機に急騰している。最近では「有事の金」ならぬ「有事のビットコイン」とも呼ばれ、国際情勢の不安定さに反応して買われる。興味深いのは、中国の投資家が中心だったビットコインの取引に、今年に入って日本勢が雪崩を打って参入している点だ。その理由を加納氏に尋ねると、次のような具合だった。

かつて中国勢が取引の主体だったのは、個人の資金流出が年間５万ドルに制限されているなかで、ビットコインが格好の持ち出し先だったからだ。そこに規制の網がかぶせられたのだが、規制する前は、本人確認もいらず審査もなく、何でもありだった。今回の規制では、レバレッジ取引も禁止され、これでビットコインの取引量が激減した。

日本で17年４月１日に、仮想通貨を決済手段と認める「改正資金決済法」が施行された。本人確認義務を導入するなど、より安全に使える仮想通貨の取引環境が整った。そこで日本の個人マネー流入が増えている。家電量販店ビックカメラや格安航空会社ピーチアビエーションなど、有名企業がビットコインでの支払いを受け取るようになったことも、日本での人気の高まりの背景という。

それにしても、カネ余りの環境のなかで、新奇性の高い取引対象として、投資資金を引き寄せているのは間違いあるまい。ビットコインを追う形で、十数種類の仮想通貨がしのぎを削っているがこうした仮想通貨には適正価格と呼べるものがない。短期の利益を求める投機マネーは逃げ足が速く、いきおい価格も乱高下する。

そのビットコインは利用者の増加で事務処理が追いつかなくなり、17年7月23日には取引所の一部が取引を一時停止することになった。便利さが売り物の仮想通貨は、大きな曲がり角に立たされている。

何とも言いがたい、奇っ怪なネット上の取引も、17年の春先には話題となった。個人間での商品売買ができるスマートフォン上のアプリ「メルカリ」で、現金が額面より高値で売買されたのだ。例えば、「1万円札4枚」が4万7300円程度で販売されている。この問題を取り上げたネットニュースの「ハフポスト」(17年4月24日)によれば、「クレジットカードの現金化」に利用されている可能性があるという。

借金の返済に困った人などが、クレジットカードのショッピング枠を利用して現金を購入すれば、一時的に現金を手にすることができる。ただし、結局は借金の総額が膨らむ。こうした「クレジットカード現金化」は、債務超過者などをターゲットにした貧困ビジネスの一種である。ハフポストはこう指摘し、消費者庁は詐欺罪に問われる可能性を警告し、カード会社は規約で禁止しているとする。

メルカリも現在発行されている紙幣や硬貨の出品はサイトから削除したが、すると今度は「福沢諭吉」ではなく、「聖徳太子」の１万円札を出品する輩が現れた。「お札のコレクター向け」という訳だろうが、いかにも抜け穴探しの色彩が濃厚。メルカリ側ではネット上の取引の不正利用を防ごうと目を光らせているが、敵もさる者。イタチごっこが続いている。こうしたメルカリ騒動は、カネ余りを受けてネット上で高額の商品が取引されだしたことと表裏の関係にある。

米国経済をけん引するＩＴビッグ５

もっとも世界を見渡せば、ユーフォリアを語れる場所は存在する。第３章でも触れたＡＩの分野であり、ネット・バーチャル（仮想世界）とリアル（現実世界）の融合が織り成す未来図である。第４次産業革命と呼ばれる変化のうねりが起き、ネットがどんどん現実社会に入り込み、企業を生活を変えていく。

「釣りはフナに始まってフナに終わる」ではないが、2000年にかけてバブルの山々の初頭を飾ったナスダック総合指数は、17年6月末時点で2000年当時の最高値を上回る。そのころは「ドットコム・バブル」と呼ばれ、海の物とも山の物ともつかなかった、「ドットコム」は、今や米国経済をけん引している。

2001年以降、5年ごとの米国の株式時価総額トップ5の変遷を見てほしい。アップル、アルファベット（グーグル）、マイクロソフト、アマゾン、フェイスブック——米国の5大IT企業は、今やそのまま米国の時価総額のトップ5である。このITビッグ5の時価総額は16年末時点で2兆3130億ドルと、円換算で250兆円あまり。17年6月末ともなると2兆8300億ドルと、310兆円規模にまで膨らんだ。

2兆8300億ドルという金額は、GDPが世界5位である英国の2兆6200億ドルをも上回る。310兆円という円換算額は、痩せても世界3位の日本の名目GDPの6割近くに相当する。ITビッグ5はそこまで桁違いの存在になったのである。

確かにITビッグ5は抜きんでた存在である。投資調査会社ピボタル・リサーチ・グループのブライアン・ウィーザー氏によると、16年の米デジタル広告市場の伸びの99％をグーグルとフェイスブックの2社が占めた。

クラウド市場でアマゾンはＩＢＭからシェアを奪い、ＡＩではグーグル、マイクロソフトがＩＢＭの競合相手として立ちはだかる。ネット通販のアマゾンは米メーシーズなど百貨店大手から顧客をもぎとり、既存店は減収に見舞われている。

ＩＴ企業の天下を織り込むように、株価はうなぎ上りとなったが、17年６月に入り巻き戻しが起きた。６月９日の取引時間前、米通信社が「アップルが今年後半に発表するｉＰｈｏｎｅ８は次世代のギガビット通信に対応しておらず、アンドロイド端末に劣る」と伝えていた。同日午前10時過ぎには空売り専門の調査会社、米シトロン・リサーチが「（米半導体大手の）エヌビディア株は、ばくちのような株だ」と売り推奨のコメントを流した。主力ハイテク株は午前11時過ぎから坂道を転がるように下げ幅を広げたのだ。

何が起きたのか。米金融サービス会社、ミラー・タバックのマシュー・マリー氏は「複数の悪材料が重なり、ハイテク株売りのアルゴリズム（自動計算）取引が作動した」と指摘する。主力銘柄の下落率は似通っており、機械的に一律に売られたようにみえる。あるファンドの運用担当者は「高度な数理モデルに基づく投資専門家であるクオンツやヘッジファンドが、仕込んできた買い持ちの手じまいに動いた」と推測する。これまで資金が集中してきたＩＴ株への投資の巻き戻しが起こっているようだ。

図表40　1株当たり利益と株価の関係（米国）

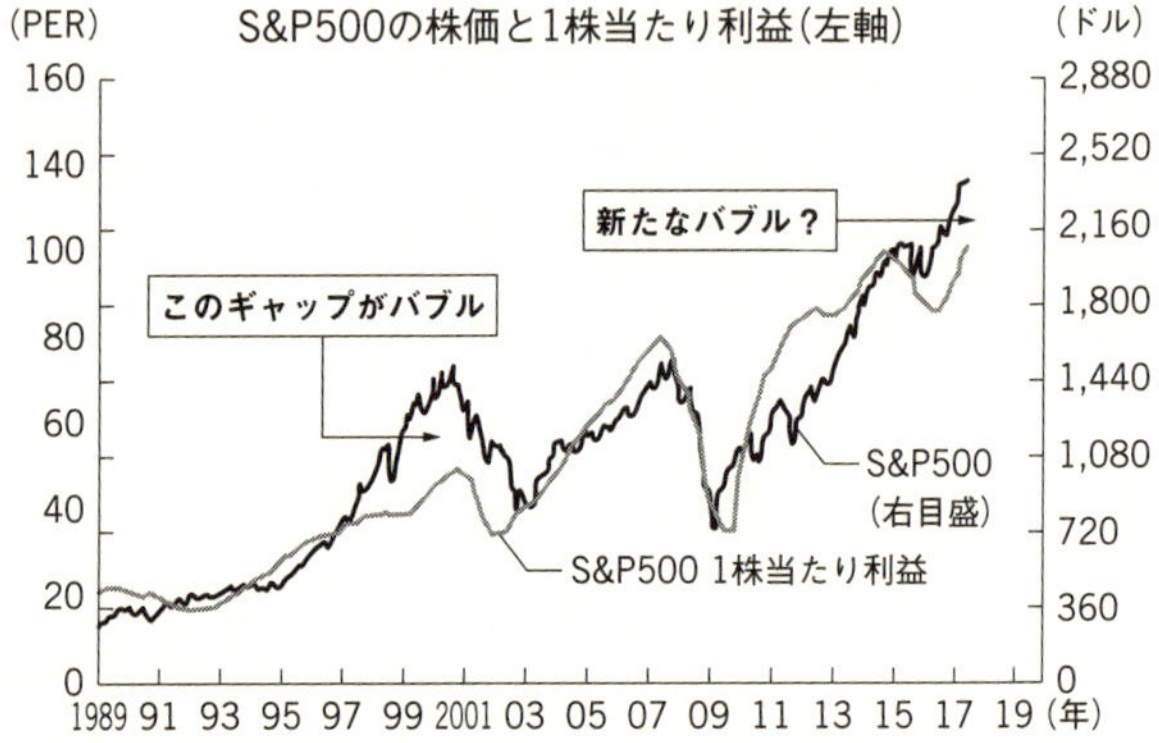

確かに17年の米株相場はハイテク株が主役だった。業種別S&P500種株価指数の「IT（情報技術）」は年初から前日の6月8日まで22％上昇していた。上昇率は市場平均の2倍以上だ。背景には年金マネーの膨張と運用競争の激化がある。そんななか、ネット・バーチャル（仮想）とリアル（現実）の融合というテーマが浸透したことで、誰もが上がった銘柄を買う、買うから上がるというバブルを生んだといえる。

IT大手のなかでも、アマゾンや映画・ドラマのオンライン再生のネットフリックスでは、株価収益率（PER）が150倍前後にのぼるのは、やはり行き過ぎと言わざるを得まい。これらの株価は、今期の予想1株利益の150年分の収益を織り込んでいることになる。経済の期待成長率が低下し、成長物語を描けるのは有力ＩＴ企業しかなくなってしまった。そう見た世界中の運用担当者のマネーが殺到した結果である。

市場エコノミストの大家、エド・ハイマン氏は、世界的に流動性の宴は終わらないとして、アマゾンによる米大手食品スーパー、ホールフーズに対する買収提案に注目する。１３７億ドルという買収金額もさることながら、ホールフーズは買収合戦に発展する可能性がある、というのだ。「ＩＴビッグ5の時価総額合計は3兆ドル近いだけに、成長継続のために大きなディールを追求しなければならない」という。買収提案はすなわち、株式に対する買いの需要である。

割高なＰＥＲを正当化するのは、収益の成長期待であるが、この部分はエクイティ・ストーリー（株式の成長物語）に属する。実際の収益が上向きだせば、投資家は自らのストーリーに確信を持つことができ、高株価と割高なＰＥＲも維持される。期待に実際の収益が追いつくまでの時間を用意するのが、足元の低金利とカネ余りである。

つまり「株価＝1株当たり利益÷金利」が基本だが、低金利が長く続いたことで、投資家は収益だけを考えるようになっている。すると「株価＝k（定数）×1株当たり利益」となる。この式を変形すれば「株価÷1株当たり利益＝k」となり、kがすなわち株価収益率（ＰＥＲ）

となるわけだ。低金利の宴が続くとみれば、株価の上昇が成功物語を証明しているように見えてくるので、孫悟空の如意棒のようにkが拡大していく。実態にそぐわないほどkが大きくなるのがバブルである。

その意味で、バブルと金融緩和は表裏の関係にある。仮にFRBの利上げに伴って、米国の市場金利が上昇しだしたら、新たなナスダックの宴にも幕が引かれる。金利を考慮の外に追い出していた夢から覚め、「株価＝1株当たり利益÷金利」という現実の世界に引き戻されるからだ。伸びきっていたkはしゅるしゅると縮み、1株当たり利益は変わらなくとも、株価は「重力の精」に引き戻される。この辺で再び、米国の金融政策のカジ取りに目を向けてみることにしよう。

米長期金利の新たなナゾ

我々にとって不可解なのは、なかなか上昇しない物価であり、長期金利の天井の重さである。それらの足かせは中央銀行の振る舞いを難しくしている。というのも、このまま異例の金融緩和を続ければ、あふれたマネーがいたずらを始め、新たなバブルを引き起こす可能性がある。現に局地的なバブルは頻発している。半面で、物価の上昇力が弱いなかで、金融の

図表41　低下する米国の長期金利と期待インフレ率

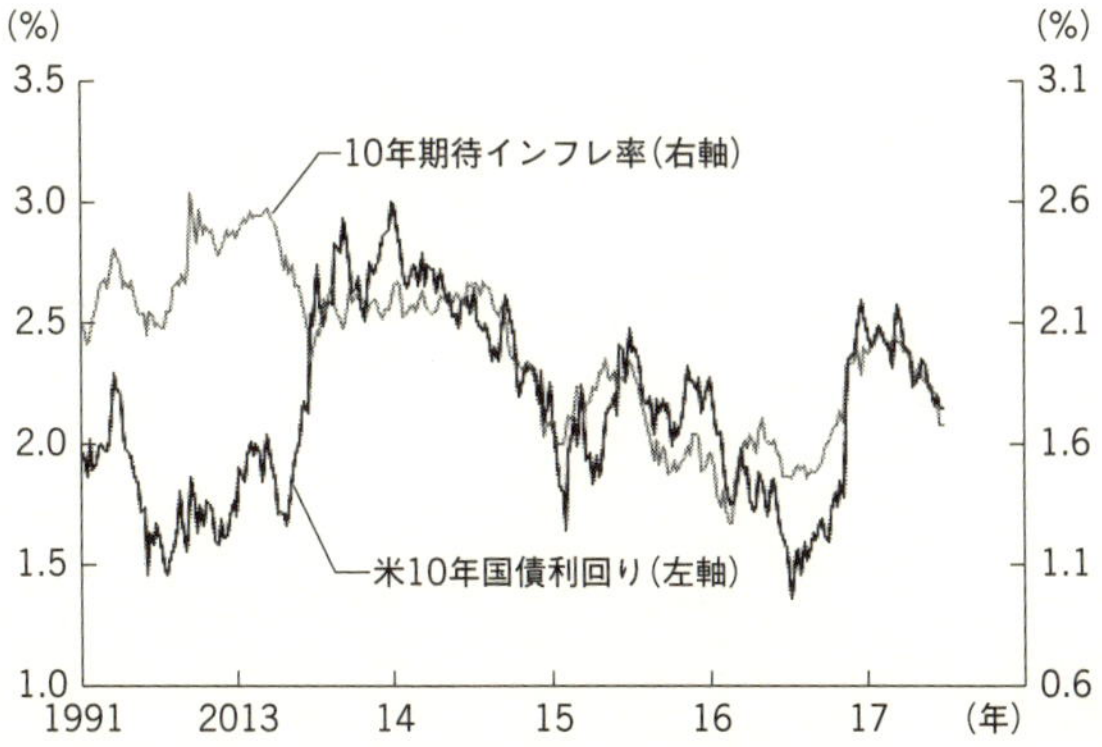

カジ取りを引き締めに転じれば、デフレの力に引き戻されかねないからだ。

この難問に各国の金融当局が直面している。憂色が絶えないのは、先進国のなかで最初に異次元緩和からの出口に差しかかった米連邦準備理事会（ＦＲＢ）のイエレン議長だ。ＦＲＢは17年6月13～14日に開いた米連邦公開市場委員会（ＦＯＭＣ）で、０・25％の利上げを決めた。それ以降の利上げは経済情勢次第とする。一方で、保有する証券の圧縮については、あらかじめ方針を表明する「プリセット（事前設定）」方式を打ち出した。

利上げと資産圧縮に関し、エコノミストは様々な組み合わせを挙げているものの、大手資産運用会社アセットマネジメントｏｎｅの西恵正社長は納得がいかない表情をみせていた。FOMCで15年12月に最初、16年12月に2度目、17年3月に3度目、17年6月には4度目の利上げを実施したにもかかわらず、肝心の米長期金利は低下気味だからだ。

10年物米国債利回りとフェデラルファンド（FF）金利を物差しに、米国の長短金利差を測ってみよう。16年12月には2％近くあった長短金利差が、足元では1％近くまで縮小している。長短金利差の縮小は、普通に考えれば景気減速のシグナル。投資家として居心地の悪さを拭えない様子である。

景気が拡大しているのに、インフレ率が高まらない。この難問に直面するのは、今や日銀だけではない。米国では17年5月の失業率が4・3％まで低下したのに、時間当たり賃金上昇率は前年同月比で2・5％に鈍化した。新車販売台数などは弱含む。市場参加者は景気の勢いの強さを感じられないでいる。

米国債へ向かう世界の外準マネー

そのメカニズムは米国内を見ているだけでは分からない。とにもかくにも利上げできる米国の国債へと、世界の投資資金が流れ込んでいるからだ。とりわけ中央銀行など公的当局としては、利回りがマイナスでないだけでも、米国債は貴重な金融資産といえる。

ニューヨーク連銀の金庫のなかをのぞいてみよう。海外の当局が保有する米政府証券の保有残高が16年11月の米大統領選あたりを境に着実に増えているのだ。17年7月19日までの週の平均で海外当局の保有額は3兆3193億ドルと、1年前と比べた増加額は909億ドルにのぼる。ニューヨーク連銀は国・地域ごとの内訳を明かしていないが、新興国による保有が増えている。そして中国による売りが一巡した。

米財務省によれば、17年5月末時点の中国による米国債保有額は1兆1022億ドル。保有額は16年11月の1兆493億ドルを底に持ち直し、17年2月以降は4カ月連続で増加した。中国の外貨準備の減少が一服したことが背景にある。外貨準備は17年1月末には2兆9982億ドルと3兆ドルの大台を割ったが、5月末には3兆536億ドルまで回復した。あの手この手の資本流出規制の結果であるとはいえ、外貨準備が持ち直したおかげで、保有する外国証券の処分を急がなくてよくなった。

そんななかで、米国債保有が増えたのが目を引く。17年4月の米中首脳会談で正面衝突が避けられた。それは確かだが、中国が別にトランプ政権にゴマすりをしているのでもあるまい。国債の利回りがプラスかマイナスかというのが大きなポイントだろう。

例えば中国が外貨準備で積極的に購入してきたユーロ圏の国債。5年債でみるとドイツは、17年7月下旬時点で依然としてマイナスの利回り。日本も5年物国債の利回りは水面下だが、ドイツのマイナス幅はさらに大きい。

すでに保有している国債には、キャピタルゲイン（値上がり益）が出るのでいい。半面、マイナスの利回りの国債を新規に購入するわけにはいかない。その分、外貨準備の運用が逆ザヤになってしまうからだ。となると、まとまった金額で運用できるのは米国債くらいとなる。そう考えて、中国は米国債の保有を継続的に増やしだした。外貨準備に余裕のある新興国の当局も、同様な判断から米国債を買っている。

中国も含め新興国が気をもんでいるのは、米国の利上げに伴って自国から民間資金が流出することだ。加えて、低金利局面で増加したドル建て債務の行方にもやきもきしている。ドル相場が上昇すると債券を発行したその国の企業や金融機関が、返済のために用立てなければならないドル資金の負担が増すからだ。万一の場合に備えて、米国債を多めに保有しておくに越したことはない。それが新興国の当局の偽らざる気持ちである。結果的に米国債へと資金が流れ、利回りの上昇を抑える役割を果たしている。

04年からの米利上げ局面で、米国債の利回りは上昇せず、低位で安定した。当時のグリーンスパンFRB議長は、「コナンドラム（解きがたい謎）」と呼んだ。その原因は、新興国からの資金流入。米国への輸出で経常黒字を膨らませた中国などが、外貨準備を使って米国債を買い続けた。その結果、米国債の利回りは低位で安定した。

今また利上げ継続の方針を表明したイエレン議長も、なかなか上がらない長期金利に直面している。このコナンドラムの背景のひとつに、当時と同じく海外からの資本流入が見て取れる。そして、日銀やECBの量的緩和やマイナス金利政策が、間接的に米国への資金流入を後押しし、米国の低金利の宴と世界的な株高を後押ししているのだ。

アルゼンチン100年債のバブル

もっとも、こうした長期金利の低位安定には、「安全資産バブル」というべきものが存在していたのは否めない。安全資産とは本来、価格変動が小さく将来の収益が確実に計算できるものをいう。米国債を筆頭に最高格付けのドイツ国債、日本国債などが挙げられる。ところが、これらの満期5年以下の国債は利回りが米国で1％台、ドイツや日本では先に述べたようにマイナスであり、投資家は手が届きにくくなった。

しかもロイターの集計によれば、過去8年間でFRBとECB、イングランド銀行、日銀が買い入れてきた債券の総額は15兆ドルと、米国の経済規模の75％に達する。足元でもECBと日銀がおよそ半分ずつという形で、毎月2000億ドル相当の債券を購入している。安全資産としての国債は、利回りの絶対水準が低下したばかりでなく、深刻な品不足に陥っているのだ。

背中に火の付いたカチカチ山の狸のように、こうした安全資産だけでは運用成績の上がらない投資家の資金が、少しでも高い利回りを求めて世界中を駆け巡った。「サーチ・フォー・イールド（利回り追求）」と呼ばれる動きである。ITビッグ5に象徴されるハイテク株の過熱はその典型だが、債券の世界にもバブルが起きている。

デフォルト（債務不履行）の常習者というべきアルゼンチンが17年6月に発行した100年債に、投資家の買いが殺到したのである。発行額27億5000万ドルのアルゼンチン国債は、投資家の応募額が97億5000万ドルに達した。3・5倍もの応募倍率は過熱気味といってよい。

アルゼンチンといえば、1816年の建国以来計8回、過去100年間だけで5回もデフォルトを起こしている国だからだ。その国の100年債である。償還までに5回デフォルトする懸念があるのではないか、などと冗談のひとつも言いたくなるが、投資家には投資家の理屈がある。8％というアルゼンチン国債の利回りの高さだ。

8％の利回りということは、利息を元本に組み入れない単利で計算しても、「8％×12＝96％」なので、12年間持っていれば投資資金を回収できる勘定になるからだ。アルゼンチンは2015年に就任したマウリシオ・マクリ大統領が、市場志向の改革を実行し、経済が持ち直してきた。インフレ率も落ち着いてきたので、まずまずは魅力的な債券だという訳だが、それにしても……。

むろん、アルゼンチン国債に投資したファンド勢は、アルゼンチンの100年債を100年間持ち切るつもりなどなかろうし、投資資金を回収できる12年間待つこともしないだろう。マクリ改革を期待してアルゼンチン債の利回りが、同じ中南米の大国ブラジル並みに低下すれば、そのぶん債券相場が上昇するので、その時を見計らって利食い売りすればよい、と考えているはずだ。ファンド勢の胸の内を『フィナンシャル・タイムズ』のジリアン・テット米国版編集長はそう推し量る。

彼女は「アルゼンチン以上に奇妙な事例」として、西アフリカのコートジボワール共和国を挙げる。この国では数週間前に軍の兵士が再び反乱を起こしたものの、政府は17年6月に入って利回り6・25％の16年国債を発行した。この債券もまた応札額が発行額を大幅に上回った。セネガルやエジプトの国債に対する需要も強まっている。

債券の需要がこれほど盛り上がり、「債券バブル」の様相を呈している原動力は、何と言っても先進国の金融政策である。量的緩和によって大量の流動性が市場に供給されたことで、「サーチ・フォー・イールド」が起きているのだ。テット氏の言葉を借りれば、投資家は、リターンが得られるかもしれない投資先を大慌てで、それこそ死にものぐるいで追いかけ回しているのである。

米自動車にサブプライム・ローン問題

空前の低金利が引き起こした、もうひとつの大きなバブルは、米国の自動車市場であろう。年換算で1700万台の高水準を記録していた米国の自動車販売は、17年に入って失速しだした。低金利を背景に新車販売をけん引してきたリース販売の副作用が出始めたことと、自動車金融債権の劣化つまり自動車版サブプライム・ローン問題が、2つの大きな問題として指摘される。

リース販売というのは、自動車を販売した業者が3年程度の期間が経過した時点で、そのクルマを引き取るとの約束をすることだ。引き取り価格は販売価格より安いので、その差額が自動車購入者にとってのリース料（借り入れ金利に相当）になるわけだ。リース料が低ければ、消費者は次々と新車に乗ることができる。自動車メーカーや販売業者も生産や販売が増えるので、一見するといいことずくめの仕組みであり、15年から16年にかけては自動車販売が一時、年換算で1800万台と記録的な数字になった。

新車販売に占めるリース販売の比率は足元では30％に達している。問題はリース期間が終わり、販売業者に戻ってきたクルマ（オフ・リース車）である。そのクルマが消えてなくなれば良いのだが、そうは問屋が卸してくれない。中古車として自動車市場で再び販売されるようになるのである。中古車の年間販売台数は年間3500万台あまりと、新車販売のざっと2倍だが、オフ・リース車の多くはまだ新しく、しかも安い。かくて、新車販売が中古車販売に侵食されだしたのである。

低金利販売による自動車バブルの反動ともいえる。とはいえ自動車メーカーや販売業者としては、生産や販売の目標を大きく下げるわけにはいかない。そんな局面でアクセルが踏まれようとしているのは、信用力の低い個人であるサブプライム層向けの販売である。自動車ローンを担保とした証券の内訳をみると、サブプライム層向けが拡大し続けており、直近では残高の4割弱を占める。証券化されていない分も含め、サブプライム自動車ローンの残高は4000億ドル相当になる、とみずほ総合研究所の小野亮主席エコノミストはみる。

ギリシャ悲劇のオイディプスをみるように、自動車のサブプライム・ローンは2000年代の住宅のサブプライム・ローンの後を追っているようだ。住宅のサブプライムでは、焦げ付きが最も多かったのは07〜08年に組成されたもの。自動車のサブプライムでも、15〜16年に組成されたものが、同様な累積損失の経路をたどるとすると、今後1年間で発生する損失は40億ドル程度になる、と小野氏は推計する。

かつての住宅ローンの損失に比べれば1桁少ないが、このままアクセルを踏み続ければ、一層焦げ付きのリスクが高い自動車サブプラムが積み上げられてしまう。自動車は製造業のなかでもウェートの大きな産業だけに、低金利の宴の潮時は難しい。イエレン議長の率いるFRBは思案に暮れていることだろう。

「出口の示唆」に市場は警戒

そうしたなかで後から振り返ると、17年6月は世界の金融緩和にとって分岐点だったということになるかもしれない。意外にも17年6月27日に欧州の、そして世界の債券市場と為替市場を揺さぶったのは、欧州中央銀行（ECB）のドラギ総裁である。「デフレリスクの後退」

を指摘したドラギ発言に、市場はハトが豆鉄砲を食らったようになった。

デフレリスクが後退すれば、ＥＣＢが実施している金融の量的緩和を、さらに続ける必要はなくなる。ＥＣＢは金融の量的緩和を17年末まで続けるが、その先は未定だった。ドラギ総裁の発言は、量的緩和からの「出口」を示唆したもの、と投資家たちは受け止めたのだ。

安全資産として買われていたドイツ国債は売られ、ドイツの長期金利は上昇した。この金利上昇を機に、為替市場ではユーロがドルなど主要通貨に対して上昇した。日本ではドル・円相場にばかり関心が集まるが、ユーロがドルに対して上昇したおかげで、ドルの実効為替相場は下落している。

ＥＣＢ内では、「非伝統的な金融緩和の長期化が副作用を伴いつつある」との見方が台頭しつつあるころだった。なかでもインフレに警戒的なドイツ勢は、ヴァイトマン独連銀総裁が17年4月6日の時点でこう語っている。「ユーロ圏の力強い景気回復と物価圧力の高まりを考えると、いつＥＣＢの政策委員会が金融政策の正常化を検討すべきか、さらにそれに伴いガイダンス（政策運営指針）をどのように修正するか、を検討するのはもっともである」

それに呼応する形で17年4月20日にはショイブレ独財務相が「ＦＲＢは金融緩和政策の出口に着手した。ＥＣＢや他の中央銀行もこれに倣い、緩和解除に取りかかるのは悪い考えではない」と述べている。そうしたなかで、景気があまり良くなく、金融不安の火種も残るイタリア出身のドラギ総裁は、金融緩和からの早急な「出口」を諌めるハト派と思われてきた。

そのドラギ氏がハト派から、「出口」を意識したタカ派に転じたとしたら、ちゃぶ台がひっくり返されてしまう。「債券バブル」の宴に浸っていた多くの市場参加者が思い出したのは、13年5月に当時のバーナンキＦＲＢ議長が議会証言で、量的緩和からの「出口」を示唆した際の出来事だろう。ＦＲＢによる国債購入の減額は「テーパリング」というが、その言葉を聞いた米国債の利回りが跳ね上がったことで、「テーパー・タントラム（出口に伴うかんしゃく）」という言葉が流行った。

ＢＩＳ年次報告書のシグナル

今回もさしずめ「ドラギ・タントラム」だが、実はドラギ発言の前に中央銀行の集まりである国際決済銀行（ＢＩＳ）の年次報告が、重大なシグナルを発していた。17年6月25日に発表されたＢＩＳ年次報告では、第4章を金融政策の正常化の問題に充てている。その章の半ばあたりから「金融緩和の大いなる巻き戻しの始まり?」と題して、10ページ以上にわたってリーマン・ショック以降の大規模緩和からの出口を検討している。

「金融政策の正常化は実施するかどうかの問題ではない。いつ、どのくらいの速さで、どの水準まで実施するかの問題なのである」。筆致はいつになく挑戦的。欧州、なかでもドイツのセントラルバンカー（中央銀行員）の地金が浮き出ている。

念頭に置いているのは、ＦＲＢ流の漸進的で、透明な出口政策であり、世間がいうほど「万能薬」ではないと断じる。利上げの道筋を市場に織り込ませるようなやり方では、政策は後手後手に回る。

打つ手が読まれてしまう結果、金融引き締めの効果は出ず、市場の過度なリスク選好をかえって後押ししてしまう。そうした失敗の事例として、年次報告は04年から06年にかけてのＦＲＢの利上げを挙げる。

当時のグリーンスパンＦＲＢ議長は「慎重なペースで（at a measured pace）」と称し、ＦＯＭＣのたびに0・25％刻みで利上げを重ねた。英語のニュアンスは、「測られたペースで」とぎこちなく訳した方がうまく伝わろう。

利上げによってインフレをうまく抑え、高めの成長が維持されている。そうした経済と金融の環境は「大いなる安定（great moderation）」と呼ばれたが、好事魔多し。米国では住宅バブルが膨らみ、その崩壊が08年のリーマン・ショックに至る金融危機を招いた。

その失敗を繰り返してはならない。そう考えてBIS報告を記したセントラルバンカーたちは、金融緩和の「大いなる巻き戻し（great unwinding）」という表現を用いたのだ。どことなく「大いなる安定」という言い回しを当てこすっている感じがする。

リーマン・ショック後の金融危機に対処するために、各国の中央銀行は異次元緩和を長期化せざるを得なかった。景気は立ち直ったものの、低インフレの下では金融緩和から足を洗うのが難しい。その間にも金融市場ではバブルのリスクが積み上げられている。

17年6月25日に開いたBISの年次総会。そこに集った中央銀行総裁たちの間では、主張内容に賛成するかどうかは別にして、年次報告の懸念が意識されやすかったはず。だからBIS総会から帰った中銀総裁から、金融緩和からの出口をめぐる発言が相次いだのだ。

ECBのドラギ総裁が6月27日、「デフレの圧力はインフレの力に置き換えられた」と語ったのに次いで、6月28日にはイングランド銀行のカーニー総裁が、利上げの可能性を示唆した。「金融刺激策の一部を撤回することが必要になる公算が大きい」。英国経済の好調という条件つきながら、一歩踏み込んだ発言をした。

6月28日には、カナダ中央銀行のポロズ総裁も「2015年に実施した利下げは役割を果たした」と述べた。この発言を受けて市場では、カナダ中銀は7月12日の金融政策決定会合で利上げを決定するとの観測が高まった。その観測の通り、カナダ中銀は利上げに踏み切った。

インフレのリスクを正確に測る物差しは残念ながら存在しない。金融政策の正常化の過程では、債券や株式の市場が過剰反応を起こす心配もある。だが中央銀行が手をこまぬいているばかりでは、金融システム全体にバブルのリスクが蓄積してしまう。この辺がドイツを筆頭にした欧州勢の見立てであり、イエレン議長の率いるＦＲＢも今回ばかりは金融緩和の手じまいに動いている。いきおいイエレン議長のカジ取りに関心が集まる。

17年7月5日に発表された、6月のＦＯＭＣの議事要旨からは、2～3カ月以内の着手を望む早期決定論と、年内ギリギリまで引っ張るべきだとする慎重論が交錯していたことがうかがえる。イエレン議長は6月のＦＯＭＣ後の記者会見で、「比較的早く実行する」と発言しているだけに、「議長のご意向」は明らかだ。ただしＦＯＭＣが合議制なので、議長の意向だけで資産圧縮が着手できる訳ではなく、ＦＯＭＣメンバーに対する説得力が必要となる。

幸いにも、17年7月7日に発表された6月の米雇用統計は、非農業部門の雇用者数が前月比22万２０００人増と20万人を超え、市場予測を大幅に上回った。4月と5月の雇用者増も上方修正され、過去3カ月の平均でも雇用者は20万人近く増加した。雇用の最大化は物価の安定と並ぶＦＲＢの課題。その課題が達されたのを受けて、イエレン議長は7月12日と13日の議会証言で、バランスシート（総資産）圧縮に向けた仁義を切った。うるさ型の議員たちは、イエレン議長の説明に耳を傾け、事実上了承した。

「利上げは急がない」とイエレン流

ＦＲＢが保有資産の縮小に乗り出す。金融市場の大騒動になってもおかしくないところを、イエレン議長は無難に乗り切ろうとしている。市場を幻惑しているイエレン・マジックには、もちろんタネがある。

ＦＲＢが国債や住宅ローン担保証券（ＭＢＳ）を買い上げたのが「量的緩和（ＱＥ）」。ならばこれらの証券が満期になった分の再投資を減らして、保有証券を圧縮する今回の策は「量的縮小（QS＝Quantitative Shrinking）」となろう。

この点、市場の反応は微妙に変化している。リーマン・ショック後に量的緩和が導入されて以降、ＦＲＢの資産の増加と足並みをそろえて、米国株は上昇してきた。だから、ＦＲＢが保有証券を圧縮する量的縮小に乗り出せば、株価にも下押し圧力がかかる――。

当初はそうした懸念が多かったが、徐々に冷静な見方が浸透してきた。ＦＲＢのバランスシートの資産サイドだけでなく、負債サイドにも注目しようというものだ。

つまり、ＦＲＢは国債やＭＢＳを買い上げる際に、その代金を金融機関などに支払う。代金を受け取った金融機関は、そのお金を次々と貸し出しや投資に回すのではなく、ＦＲＢに再び預金しているのである。

金融機関には、集めた預金に応じて一定の金額を、無利息でＦＲＢに預け入れることが、法律で義務付けられている。ＦＲＢに預けた預金を「準備預金」というが、法律で義務付けられた分を「法定準備」、それを超えた分は「超過準備」と呼ばれる。量的緩和の結果、お金を持て余した銀行が増やしたのは、この「超過準備」なのである。

ＦＲＢが国債やＭＢＳを買って金融機関に渡したお金は、「超過準備」の形をとって回遊魚のようにＦＲＢに戻っているといってよい。ＦＲＢのバランスシートはリーマン・ショック後に5倍に膨らんだが、資産サイドで国債とＭＢＳが拡大する一方、負債サイドではそれに見合う金額が「超過準備」として増加した。

お金がＦＲＢと金融機関の間を行き来するだけで、世の中には出回っていなかったとするならば、この「超過準備」が減ったからといって、大きく景気の足を引っ張るわけではない。そんな見方が浸透してきたのである。これを便宜上、「超過準備による安心」と名付けよう。

もうひとつの安心材料は、イエレン議長の率いるＦＲＢが17年7月の議会証言でも「利上げを急がない」と表明したことだ。ＦＲＢは15年12月から利上げに転じたが、15年と16年に1回ずつ、17年は3月と6月に合わせて2回。仮に年内にもう一度利上げしても3回どまり。18年の利上げも同じく3回を見込んでいる。ＢＩＳ年次報告が結果としてバブルを生んだと批判する、04年から06年にかけての利上げ局面に比べても、年3回というのは極めてゆっくりのペースなのだ。

急速な利上げは住宅ローンや自動車ローンの金利上昇を招き、住宅や自動車の購入にブレーキを踏み、景気の失速を招く。その局面では、負債を積み上げていた家計や企業が返済難に陥り、金融機関は融資の焦げ付きに見舞われる。不動産や株式のバブル崩壊が引き起こされ、07年から08年のような金融危機を引き起こす。

そうしたリスクに配慮して、イエレン議長は「慎重な利上げ」を表明した。言い換えれば、保有資産の圧縮という「量」に加えて、「金利」でも引き締めを強化すると受け止められたら、世の中に動揺が走りかねない。そう判断して、金利については「菩薩の顔」を見せたのである。イエレン議長も利上げのカジ取りは慎重を期し、18年2月に迎える任期切れの有終の美を飾ろうとするだろう。

図表42 日米欧の中央銀行の準備預金の増減

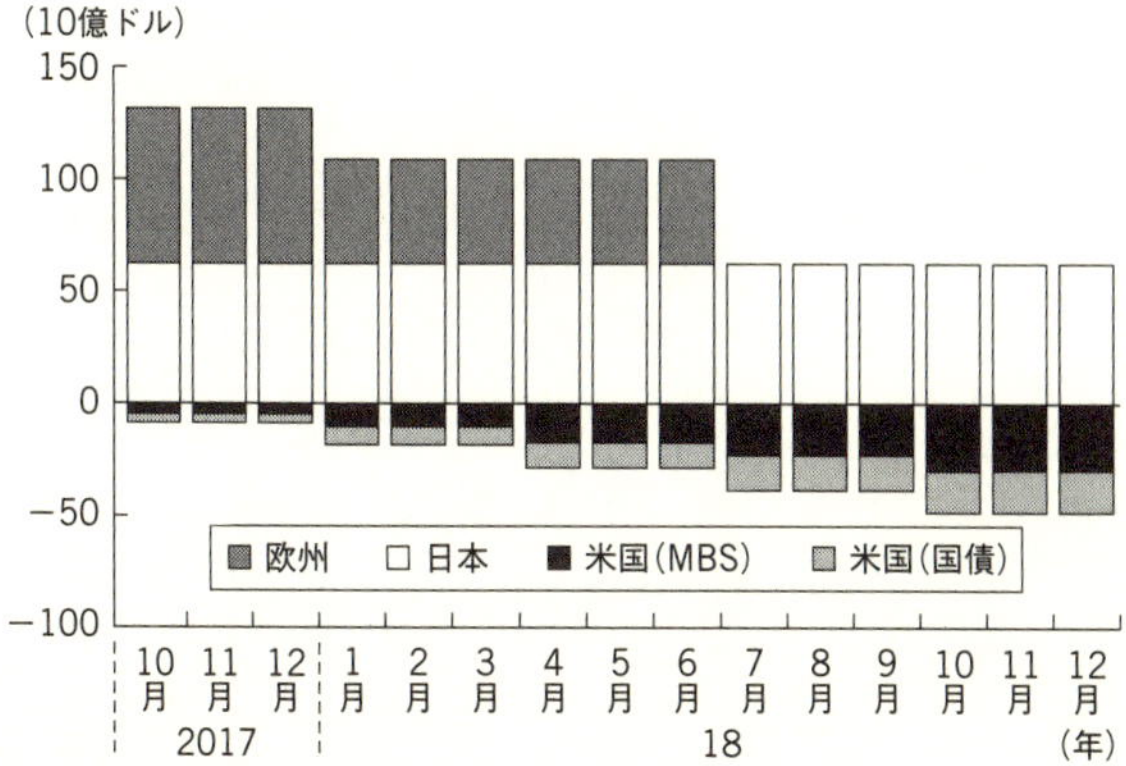

(出所) SEBグループ

債券や株式の市場は議長の胸の内を忖度し、17年7月の議会証言に大喜びした。が、自動車のサブプライム問題など、かえってバブルのマグマを蓄積しただけのようにもみえる。

もうひとつ、FRBによる資産圧縮にもかかわらず、グローバルな市場が平常心を保っている理由がある。FRBが量的縮小に転じても、ECBと日銀は量的緩和による国債などの購入をやめる訳ではない点である。

ドラギ総裁が示唆するように、ECBについては18年にも国債買い入れを打ち切るだろうが、ひとり日銀は国債買い入れを継続する見通し。FRBが17年10月から保有証券を圧縮し、ECBも18年1月から国債購入を減らし、18年7月には購入を止めると仮定して、スウェーデンのSEBグループが試算した。

　その場合、日銀を含めた3大中央銀行の資産の増減は図表42のようになる。日銀は一種のショックアブソーバー（緩衝材）となるわけだ。今や一人旅となったのは日本。本来なら米欧に合わせて、長期金利をある程度上振れさせたいというのが、日銀事務方のココロだろうが、肝心の消費者物価はようやくマイナス圏を脱したばかり。

　都議選の大敗で安倍晋三政権の先行きも覚束ないなかで、金融政策のカジ取りの変更など日程に上るべくもない。お金がジャブジャブなのは日本だけ。いきおい周回遅れの余剰マネーの向かう先に関心が集まる。

第 6 章

日本のバブルのゆくえ

残高はついに名目国内総生産（GDP）に迫る500兆円。日本で膨らみ続けるのは中央銀行である日銀のバランスシートである。景気は回復してきたが、日銀が目標とする2％インフレの達成には距離がある。そんななかで日銀マネーが供給される「いい湯加減」が続いている。

政府と日銀が一緒に演出しているいい湯加減は、どのくらいもつのだろうか。政府と日銀をひとつの「統合政府」と考えるなら、政府の借金である国債を日銀が保有していれば、その分の国債はなかったのと同じ。政府が借金を返せなくなった際は、日銀が国債を丸のみし、棒引きにすればいい――。究極の中央銀行バブルのような主張の当否はいかに。

バブルの発生と崩壊は市場経済につきものであるにせよ、経済の基礎体力が低下した日本では対応を間違えると、立ち直れないほどの打撃を被る。経済と市場が上向いている局面で取り組むべき課題は何だろうか。

黒田日銀は緩和継続の姿勢

この辺で日本に戻ろう。ＦＲＢの金融緩和が出口に向かい、ＥＣＢも出口を模索する。ならば日銀も。そんな議論が日本国内で高まりだした。論点はこうだ。

その１。黒田日銀が13年４月に採用した量的緩和政策の下で、日銀の総資産はどんどん膨らんでいく。なのに、当初は２年で達成すると大見えを切った２％の物価目標は、子供の夏休みの宿題のようにどんどん先延ばしされ、達成のメドが立たない。ならば物価目標の看板を下ろすべきではないのか。

その２。日銀の総資産が５００兆円規模に達し、名目ＧＤＰに迫るなか、異次元緩和からの出口に際しては、保有する国債などで大量の評価損が生じる。出口に際して日銀が赤字になるようだと、お札（日銀券）の信頼が揺らぎかねない。だから、今のうちから出口の道筋を示すべきだ。

その３。今の異次元緩和は物価目標の達成には効果が乏しい割に、お金をだぶつかせバブルを醸成しかねない。あるいは日銀が国債を飲み込むことで、財政の規律を一段と緩ませてしまう。こうした副作用の大きな政策からは手を引くべきだ。

図表43　突出する日銀のバランスシート拡大

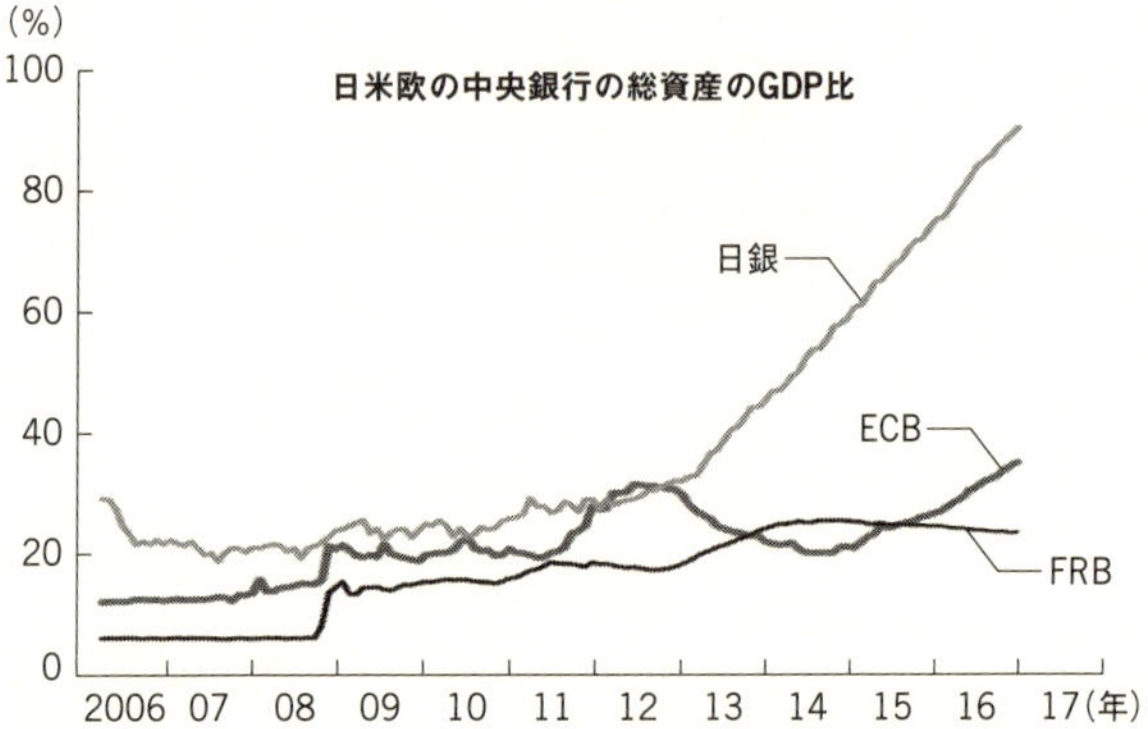

1年に8回行われる金融政策決定会合の後の黒田日銀総裁の記者会見では、こうした質問が入れ代わり立ち代わり持ち出される。とくに17年6月16日の会見は、直前のＦＯＭＣで米国が総資産の圧縮方針を打ち出した直後とあって、出口の質問が目立った。

それに対する総裁の回答は、出口に際して赤字になることはあっても、日銀には通貨発行益（シニョレッジ）があるので、長い目で見た財務の心配はない、というものだった。通貨発行益とは、原価20円程度のお札を発行し、1万円で流通させることで、その差額が中央銀行のもうけになることをいう。ただし、中央銀行への信認が失われ、お札が紙くず扱いされれば、ハイパーインフレ（止めどのない物価上昇）となる。その歯止めとなるのは物価目標である。日銀を含め各国の中央銀行は2％の物価目標を掲げ、インフレ率がその目標を上回った際には、金融を引き締めると約束している。

皮肉にも今の日本は物価上昇率が低く、2％の物価目標の達成がおぼつかない。そこで2％物価目標の看板を下ろしたらどうか、という議論が出てくるのだが、米欧が2％物価の目標を掲げるなか、日本だけが目標を引き下げたら、円高の圧力が強まる、という反論もある。通貨の価値は円と外貨の需給で決まるから、日本が金融緩和の度合いを弱めると、円の供給が減り円高になりやすくなる。そんな理屈だ。

ともあれ、外部からの批判にもかかわらず、黒田日銀は異次元緩和を継続する姿勢をみせる。ここで外部からの批判というのは、金融機関の経営者や債券市場の参加者、メディアなどのことだ。金融機関の経営者は「長期金利の低下で利ザヤが減って業績が圧迫されている」と文句を言い、債券市場の参加者は「債券市場の流動性が低下している」と非難の声を上げる。メディアの批判は先に述べた3点に要約される。

これに対する黒田総裁の答えは「異次元緩和に伴って景気は着実に上向いている」、「金融緩和の効果は徐々に表れてくる」というものだ。そんなやり取りを横目に、日経平均株価が1年5カ月ぶりに2万円を回復した17年6月、「適温相場」という言葉が株式市場関係者の間で流行った。湯加減が熱すぎず、冷たすぎずという意味である。景気は好転しているが、なかなか物価は上昇しない。結果として、日銀の金融緩和の度合いが増していく。

内外で分かれるアベノミクスへの評価

ここに「適温相場」のココロがあるが、安倍政権の経済政策全般をどう評価するか、という論点にも密接に絡んでくる。『日本経済新聞』は国内のエコノミスト10人に安倍政権の経済政策10項目について、5段階での評価を求めている。その採点結果は、図表44の通りである。アンケート結果を紹介した17年6月10日付の記事も、「経済の力低下　社会保障・財政は『落第』」といった評価を下している。

国内のエコノミストやメディアの多数派の見解のようだが、海外の論調は違うようだ。構造改革などの「べき」論よりもいいが、経済成長や雇用の「現実」に関心を払っているからだろう。政治路線では安倍政権に批判的な米紙『ニューヨーク・タイムズ』は17年5月17日電子版で、「日本経済は成長しているが、ホットストリークと呼べるほどではない（Japan's Economy Is Growing, but Don't Call It a Hot Streak）」と記した。「ホットストリーク」とは「絶好調」を意味するくだけた言い回しだ。

図表44 「及第点」前後の政策が多いアベノミクス

（民間エコノミスト10人に聞いたアベノミクス通信簿、平均点）
5が優、4が良、3が可、2が不可

観光振興	4.6	エネルギー	2.8
法人減税	3.3	農協改革	2.7
経済連携	3.2	労働市場改革	2.6
金融改革	3.1	社会保障改革	2.2
第4次産業革命	3.0	財政健全化	2.1

（注）回答者は大和総研・熊谷亮丸、BNPパリバ証券・河野龍太郎、野村證券・美和卓、SMBC日興証券・丸山義正、第一生命経済研究所・永濱利廣、みずほ証券・末廣徹、ニッセイ基礎研究所・斎藤太郎、三菱総合研究所・武田洋子、日本経済研究センター・佐々木仁、SMBCフレンド証券・岩下真理（敬称略）

英紙『フィナンシャル・タイムズ』は17年5月1日電子版で、「静かだが、着実なアベノミクスの成功（The quiet but substantial successes of Abenomics）」との評価を下す。記事によれば、批判の十八番はこんな感じだ。3本の矢によってデフレ脱却を目指したが、直近の消費者物価上昇率はわずかにプラスになっただけ。だから、処方箋は誤っていたと。だが、日本の実質成長率は（消費税を引き上げた）14年を除き潜在成長率を上回っているし、失業率は2・8％と22年ぶりの低水準となった。

東京の小売店や飲食店は欠員状態だし、24時間営業は休止を余儀なくされている。ヤマト運輸は運転手の人手不足から27年ぶりに運賃値上げに踏み切ったし、経営者は人件費の削減よりも人員の確保に頭を悩ませている。本書第1章で挙げたような事例を引きながら、この記事はこう述べる。人員が余剰だった局面では企業は価格を上げるより、サービスの質を落とすことで対処してきたが、それも立ちゆかなくなっていることで、インフレの機は熟しつつある。

実際にインフレになるかどうかは議論の余地のあるところだが、雇用情勢が改善してきたことは間違いあるまい。ここで面白いことに、『フィナンシャル・タイムズ』が雇用の好転を示す事例が、日本ではあまり積極的に評価されず人手不足とばかり表現される点だ。

ギリシャ神話に出てくる「プロクルーステースのベッド（Procrustean bed）」のようである。強盗のプロクルーステースは誘拐してきた旅人をベッドに寝かせる。体つきがベッドより長ければ体をちょん切り、短ければ体を伸ばす。ベッドのサイズに合う旅人がいなかったのは、プロクルーステースがベッドの長さを操作していたからである。経済政策の評価もそれに似てはいまいか。

この記事に戻ろう。アベノミクスで見逃せないのは、財政政策の運営だったと記事は言い、14年の消費税率の引き上げは自傷行為だったと指摘する。アベノミクスは積極財政を看板に掲げながら、財政が拡張的だったのは最初の13年だけで、残り4年間は引き締め気味だった、というわけだ。金融緩和にブレーキがかけられる結果となり、物価上昇の弾みが失われた、というわけだ。

最近になって安倍政権は財政の財布のヒモを少しばかり緩めた。バカげた、恣意的な(foolish and arbitrary)財政目標など無視して、物価が上昇に向かうまでその路線を続けるべきだ。これが同紙の日本に対する提言である。

株式市場の反応もそうした評価に連なっているようにみえる。問題はこの記事の最後の段落に潜む。「日本の財に対するデフレ心理を打破するには数年はかかる」。働く人は高い賃金を求めるにせよ、経営者は賃金引き上げには二の足を踏むからだ。それにしても、政策担当者がとるべき策をとるのに失敗しがちな環境のなかで、アベノミクスは大いなる前進を遂げてきた。復活した日本経済こそ称賛の的になる——。

金融・株式市場は「いい湯だな」

デフレ脱却まで、ぶれずにアベノミクスを継続せよ、というメッセージとなるが、そのデフレ脱却までには「数年はかかる」。つまり、向こう数年間は金融緩和と拡張気味の財政運営を続けることが推奨されているのだ。その間に景気拡大と企業収益の増加が続けば、金融・株式市場にとって「いい湯だな」の環境は強まる。経営者や投資家にとって、「数年間」はほぼ「永遠」に等しいからだ。

こうした金融緩和の環境に加えて、日銀自身が債券、株式、不動産などの大口の買い手となることによって、資産市場の「買い安心感」を引き起こしているのも見逃せない。まず、債券市場をみることにしよう。日銀が国会に報告した「通貨及び金融の調節に関する報告書」(17年6月)によれば、17年3月末の日銀の総資産は前年比で84・5兆円増えたが、その原動力は長期国債の購入による75・2兆円。

17年3月末の国債発行残高は、長期債と短期債を合わせて1083兆円だが、前年同月と比べると日銀だけが一手買いし、民間銀行、保険・年金基金、公的年金という主な投資家は売り越しているのが分かる。国債保有の前年同月比は、日銀が17・3%増なのに対して、民間銀行は16・8%減、保険・年金基金は4・1%減、公的年金は5・9%減となっている。

民間銀行の売りを吸収した結果、日銀の国債保有額は、17年3月末時点で427兆円と国債発行残高全体の39・5%に達する。国債残高に対する保有比率は、民間銀行が18・7%、保険・年金基金は21・8%、公的年金は4・5%なので、国債の4割近くを保有する日銀が断トツの存在であることが理解できよう(いずれも「資金循環勘定」ベース)。

日銀は10年物国債利回りをゼロ%近辺に誘導する「イールドカーブ・コントロール(長短

金利操作)」を実施しているが、それと同時に年間80兆円をメドとした国債保有残高の拡大を通じても、需給をタイトにして国債価格を下支えしているのだ。国債利回りの低位安定と日銀のバランスシート拡大は表裏の関係にある。前者を債券バブルと称するならば、後者は中央銀行バブルと呼べるだろう。幸か不幸か2%インフレの物価目標の達成が難しい限り、債券バブルと中央銀行バブルが続いてもおかしくない。

株式市場への下支え役としては、日銀による上場投資信託（ＥＴＦ）の購入が見逃せない。日銀は16年7月、ＥＴＦ購入を6兆円に倍増し、17年3月末までの1年間にＥＴＦの保有額を５・３兆円増やした。日本経済新聞社の推計では、17年6月時点で日銀による株式保有残高は17兆円を突破。日本株保有額では年金積立金管理運用独立行政法人（ＧＰＩＦ）と米運用会社ブラックロックに次ぐ第3位の投資家に急浮上した。上場企業の４社に１社で日銀が「安定大株主」になった計算だ。

上場する３６７５社のうち、８３３社で日銀が上位10位内の「大株主」に入った。名簿に表れる株主名はＥＴＦを実際に買っている信託銀行だ。ユニクロを展開するファーストリテイリングや半導体製造装置アドバンテストなど日銀が15%超を持つ企業は着実に増えているもよう。サッポロホールディングスなど3社は計算上、筆頭株主になったようだ。17年6月

24日付の『日本経済新聞』は、そんな姿を伝えている。

日銀がＥＴＦを購入する狙いは、少なくとも建前としては、株価のリスクプレミアム（リスクに対して投資家が求める超過収益）を抑えることで、企業が投資に踏み切りやすい経済環境をつくり、金融緩和を促す点にある。日銀は直接の株価テコ入れといった言い方を好まないが、17年6月末時点で日経平均が2万円の大台を維持したのは、日銀による大量のＥＴＦ買いが日本株の需給を引き締めたおかげだろう。

その半面で、日銀が大株主として登場することによって、株主構成にゆがみを与えかねないといった指摘は根強い。株価の形成や流動性もいきおい日銀頼みの色彩が強まっている。

みずほ総合研究所によると、16年7月末のＥＴＦ購入枠の倍増決定後、8月から9月末までに前場の日経平均が下落したのは22営業日あったが、そのうち16営業日では日銀がＥＴＦを購入した。一方、6営業日では日銀が買い入れを実施しなかった。この6営業日のうち5営業日は、後場にかけて一段安となっている。

市場参加者に日銀頼みの心理が強まり、日銀のＥＴＦ買い入れが株式相場の方向を左右しているのが見て取れる。これは短期的な株価形成に及ぼす影響だが、長い目でみても日銀が「売らない投資家」として存在することは、株価形成をゆがめかねないとされる。つまり、通常の投資家であれば、企業業績が悪化した企業の株式は売却するが、日銀はETFで購入した株式を長期で保有するため、企業に比べて割高な株価が維持されるケースが生じかねない。株式市場の価格発見機能が低下するのである。日銀による下支えのおかげで、16年秋の時点で日経平均は1000〜2000円程度かさ上げされていたと、みずほ総研は試算する。

日銀によるREITのまとめ買いが、REIT市場に及ぼしている影響については、第2章で触れたのでここでは割愛しよう。FRBが資産圧縮に踏み切り、ECBが資産拡大にブレーキをかける一方、日銀が資産拡大を続けるとみられる。様々な市場で日銀が「買い安心感」を醸成していることが、株式、債券、不動産の「いい湯だな」を演出する。

染みついてしまったデフレ心理

ただ、こうした「いい湯加減」も、1980年代のような国を挙げてのバブルを沸騰させるところにまでは至っていない。理由はいくつかあるが、まず20年に及ぶデフレの継続で、人々にデフレ心理が染みついてしまった。「戦争を知らない子どもたち」ならぬ「バブルを知らない子どもたち」は、今や社会の中核を占めている。彼らの心理をそっくりそのままバブル期のような「ハレ（お祭り気分）」の世界に誘うことは難しいだろう。

具体的に言えば、90年代半ばから2000年代初頭の「就職氷河期」に社会にでた人たちは、今や30歳代後半から40歳代前半の働き盛り。この「就職氷河期」の出身者は、働く人たち全体の27・3％を占めるが、賃金や処遇の面で割を食っている。

連合総合生活開発研究所の黒田啓太氏の分析は、そんな「不都合な真実」をあぶり出す。大量に採用されたバブル期就職組が社内で上につかえている。その結果、「就職氷河期」世代は昇進・昇格で不利益を被っている。そもそも就職環境が厳しく、規模の小さな企業にしか就職できなかったし、転職も一般的となり勤続年数が短く、技能を身につけるチャンスも乏しかった。人口サイズの大きな彼らが「忘れられた世代」になってしまったことで、世の中全体に高揚感が巻き起こりにくい。

次に企業。長引くデフレの結果、無理にリスクをとって投資するよりも、資産は現預金で保有しておいた方が安心という心理が、家計ばかりでなく企業にも広がってしまった。企業は過去最高のもうけを上げながら、17年3月末時点で255兆円の現預金を抱えている。その残高は前年比で5％増え、企業が保有する1153兆円の金融資産全体の22・1％にものぼる。

投資主体（資金不足）であるはずの企業が貯蓄主体（資金余剰）になって20年あまりにな

るが、その傾向は変わらないどころか、強まってさえいる。その背景には、大企業を中心にグローバル展開を余儀なくされた結果、経営を取り巻く不透明要因が増えたことも挙げられるだろう。リーマン・ショックで経営が崖っ縁に立たされて10年も経っていない。現預金は万一に備えてのリスク・バッファーであるとの感覚を持っている経営者も多いだろう。

そして、地域格差。国内を地域ごとにみると、人口が増加しているのは東京など一部の都府県。東京や大阪ではマーケット拡大のシナリオを描きやすいが、人口減少に見舞われ「地方消滅」（増田寛也元総務相）が切実な話題になるなかでは、72～73年の列島改造ブームや80年代後半のバブル期のような、全国規模のバブルが起こるとは考えにくい。

総務省によると、13年時点の空き家は全国で820万戸。住宅全体の13・5％を占める。バブル時代の1988年の空き家が394万戸だったから、空き家は25年間で2倍になった。また登記簿上で土地所有者が確認できない土地（所有者不明地）は、国土審議会への提出資料によれば、16年3月末時点で全体の15・4％にのぼる。農地の15・8％や林地の19・6％が所有者不明地なのは分かるとしても、都市部の6・9％、宅地の13・0％が所有者不明というのには驚かされる。この状況では、土地バブルが起きても広がりは限定的と思われる。

さらに、金融規制。バブル崩壊後の不良債権問題に懲りた行政当局は、金融機関の健全性に目を光らせるようになった。何よりも銀行は、「いざ鎌倉」という際の自己資本の強化を求められる。いきおい銀行や生命保険会社などの資金は、安全資産としての国債に流れ込み「安全資産バブル」が起きたが、それも日銀の量的緩和による大量買い取りで国債が品不足に陥り、イールドカーブ・コントロールで国債の利回りは「永遠のゼロ」の様相を呈している。

バブル期だったら特定金銭信託やファンドトラスト、バブル崩壊後だったら運用利回りをかさ上げする様々な「仕組み商品」に、今のような金融環境なら資金が流れたはず。ところが今や金融庁が金融機関経営の健全性に目を光らせ、多少なりとも不健全な金融商品に手を出そうものなら、金融機関は厳しく処分される。とりわけ地銀などの地方金融機関は、融資の減少と利ザヤの消失で「雪隠詰め」の状況となっている。

スティグリッツが提案する政府債務の「棒引き」

1980年代後半のような国を挙げての大バブルが再燃することはないにせよ、株式や債券や不動産などの資産価格は全体としては堅調。そんななかで、ＡＩ関連の投信、米国の高利回り債やＲＥＩＴ、一部新興国の株式や債券、さらにはビットコインなどの仮想通貨といった具合に、局地的なバブルはカネ余りの環境の下で、次々と生起するだろう。不動産のなかでも、東京五輪を控えた東京再開発など過熱しているテーマは少なくない。

ただ、こうした湯加減をひっくり返しかねない要素についても、考えをめぐらしておく必要がある。国内の債券市場の参加者やエコノミストの間では、財政のリスクを挙げるのが定番になっている。このまま事態を放置すれば、１９４７~49年生まれの「団塊の世代」がそろって後期高齢者（75歳以上）となる２０２５年には、日本の財政は完全に行き詰まる。そんな「２０２５年問題」を多くのエコノミストが挙げるようになった。17年に「団塊の世代」が70歳の大台に乗りだしたことがきっかけだろう。

確かに高齢化に伴う社会保障費はうなぎ上りとなる。例えば医療費。14年度の41兆円が25年度には62兆円、40年度には１００兆円に迫る見通し。介護保険の給付額も、14年度の９兆円が、25年度に17兆円、40年度には31兆円となる見通し。

足元の異次元緩和で日銀が国債を飲み込んでいるからこそ、この問題は表面化しないで済んでいる。言い換えれば、財政赤字が深刻な分、政権の経済運営に金融緩和が組み込まれている。その一方、民間投資が盛り上がらないことで、金融資産のバブルが起きやすくなっているのである。

この財政の先行きをめぐっては、国内とは違いしがらみのない海外勢から、ちゃぶ台返しのような思い切った提案が聞かれるようになった。寅さんの決めセリフである「それをいっちゃあ、おしめえよ」と思ったのだろうか。経済財政諮問会議の事務方はちょっと分かりにくい訳語を用意した。17年3月14日の経済財政諮問会議で報告した、米コロンビア大のスティグリッツ教授の説明資料だ。15ページ目にはこうある。

「政府（日本銀行）が保有する政府債務を無効にする」。その結果として「粗政府債務は、瞬時に減少―不安はいくらか和らぐ」。

政府債務つまり国債を「無効にする」と言われても、「無効」の意味がピンと来ない。英語の原文に当たると、「キャンセリング」の語が用いられている。辞書には「取り消す」、のほかに、「棒引きする」の訳語もみえ、話の文脈からはその訳が当てはまろう。財務相も出席する会議で「棒引き」の語はまずい。そんな配慮で「無効」の訳語となったのだろうか。

日銀が保有している国債は、日銀の資産であると同時に、政府の負債である。政府と日銀をひとくくりにする統合政府の考えに基づいて、日銀の資産と政府の負債を相殺したらどうか。スティグリッツ教授の「キャンセリング」にはそんな意味が込められている。

むろん日銀には資産と同時に、銀行から受け入れている準備預金という負債が存在する。大規模に資産が棒引きにされたら、準備預金の引き出しに応じられなくなる。だから寅さんよろしく「国債の無効化」の議論は声高には語られない。

スティグリッツ氏は「債務を永久債あるいは長期債に組み換える」ことも提案している。永久債は償還期限の来ない債務のことで、政府は償還のために国債の追加発行をする自転車状態を免れる。「政府支出に必要な追加的歳入を調達し、経済を刺激する低コストの方法」というわけである。

問題は金利の上昇局面で、そのような国債をだれが購入するかだ。教授自身が「政府が直面する金利上昇リスクを移転する」と述べているくらいだから、民間の投資家は二の足を踏もう。とすれば、買い手はやはり日銀ということになる。

世の中にフリーランチ（ただ飯）はないことを、教授が知らぬはずがない。日本の政府債務は深刻だが、「政府債務を低下させるために消費税を上げることは（景気を下押しし）逆効果」。そんなジレンマの深刻さを認識するがゆえの劇薬の提案とみるべきだろう。

一方、アデア・ターナー元英金融サービス機構（FSA）長官は、中央銀行がお札をばらまくように財政資金を供給する「ヘリコプターマネー」の支持者として知られる。通貨価値を毀損しかねない劇薬を、なぜ金融当局者だった人物が唱えるのか。ターナー氏が17年1月に来日したのを機に、その主張を聞いてみた。

「近著『債務、さもなくば悪魔』でも、ヘリマネを提唱しています」と尋ねると、「世界経済はかつてない債務の積み上がりに直面し、債務削減圧力と低すぎるインフレ率のために、伝統的な政策手段は行き詰まっている」という。

日本の場合については、「2020年にプライマリーバランス（基礎的財政収支）を黒字にするのは、事実上不可能だ。黒字にしようと無理をして、再びデフレ不況に陥れば、公的債務のGDP比は低下するどころか上昇する」と語る。

「ならばどうすればよいか」というと、「日銀が保有する国債の一部を、無利子の永久債に置き換えたらいい。ヘリマネと呼ばれる策だが、政府の利払いと元本償還が減り、そのぶん財政は自由度を回復する」と答える。

財政規律が失われる心配を質すと、「野放図なヘリマネが悪性のインフレを招いた歴史があるのは確かだ。中央銀行による歯止めが必要なのはもちろんだ。どのくらいの金額の保有国債を無利子永久債に置き換えるかは、日銀の政策決定会合が独立性を持って決める必要がある」という。

「何か基準がないと心もとないのでは」。そんな問いかけには、「その際に歯止めとなるのはインフレ目標だ。経済がデフレを脱却し、2％の物価目標が実現されたなら、ヘリマネ政策は打ち止めにすべきだ」との答えが返ってきた。

「将来、金利が上昇した際に、日銀の財務内容が悪化しないか」と問うても、「無利子永久債は日銀の資産。それに対応する負債は、民間銀行から預かっている準備預金だ。無利子永久債に相当する金額の準備預金を無利子とすれば、日銀の財務内容は悪化せずにすむ」という。「低インフレと低成長が長引けば、公的債務のGDP比は上昇するばかりだ。2％の物価目標を達成し、公的債務比率の分母となるGDPを拡大させるためにも、ヘリマネの採用時期は早ければ早い方がよい」という。

欧米の碩学の基本的な考え方は、政府と中央銀行を合わせた「統合政府」というもので、政府の借金（国債）を日銀が保有しているのは、家庭内で夫に妻がお金を貸しているのと同じことと考える。家庭全体で見れば、貸し借りは相殺されチャラになる。統合政府で見ても、政府と日銀の貸し借りをチャラにすれば、その分は実質的な国債の発行額が減るというわけだ。

実際に統合バランスシートをつくると、13年3月末には701・8兆円だった国債発行残高は、16年3月には568・3兆円と、3年間で133・5兆円減っている。黒田総裁の率いる日銀が量的緩和で国債を大量に購入した結果、政府と日銀の間の貸し借りが増えたからだ。ポイントは日銀がそのお金をどうやって用立てたかだ。答えは民間銀行からの預金つまり準備預金を集めたのである。

準備預金は日銀の負債である。ベースマネー（現金と準備預金の合計額）をみると、ハッキリする。13年3月末には141・5兆円だったベースマネーは、16年3月末には371・0兆円に膨らんでいる。3年間でベースマネーは229・5兆円増えた勘定だ。量的緩和で国債がベースマネーに転換したということである。

先ほどの夫と妻の金の貸し借りに戻れば、妻がへソクリを夫に貸すなら、確かに家庭全体での借金はない。しかし妻の手元にお金がなく、消費者金融からお金を用立てて、夫に貸したとすれば、家庭全体の借金は残る。夫が借りる代わりに、妻が借りてきたのだから。統合政府のバランスシートの議論も同じである。日銀が保有する国債を「無効」にした場合には、日銀の負債である準備預金をどう扱うかという問題が残るのである。

財政バブルと日銀バブル破綻のXデー

日本経済の抱える矛盾の究極的な受け皿は中央銀行を置いてほかにない、というのが米欧の碩学の処方箋といえる。黒田日銀総裁はもちろん、安倍首相もそうした劇薬をいきなり処方することには、二の足を踏むに違いない。

とはいえ、財政問題への取り組みの軸足が変化してきたのは間違いない。政府の17年度の「経済・財政運営の骨太の方針」では、Ⓐ20年度のプライマリーバランス黒字化と併記して、Ⓑ政府債務残高のＧＤＰ比の増加抑制を掲げたからだ。

拙著『世界経済　まさかの時代』（日経プレミアシリーズ）の第2章「『ヘリマネ狂騒曲』のまさか」でも指摘したように、空前の低金利政策が財政改善効果を発揮している。基礎的財政収支の赤字が続いているのに、政府債務残高のＧＤＰ比は頭打ちとなり、小幅ながら減少し始めている。基礎的財政収支が赤字なのになぜ、という疑問が浮かぶだろうが、そのカラクリは以下のような具合だ。

政府債務残高のＧＤＰ比は「政府債務残高／ＧＤＰ」である。分子を左右するのは、①基礎的財政収支、②債務の利払いであり、分母は③ＧＤＰ成長率によって決まる。そのうち、

①基礎的財政収支は、依然として赤字だが、赤字幅はだいぶ縮小してきた。②債務の利払いは、金融緩和によって拡大を免れている。③ＧＤＰ成長率については、デフレが解消に向かい名目成長率が高まったことで、ＧＤＰが大きくなりつつある。

かくて分子である政府債務残高の伸びを、分母であるＧＤＰの伸びが上回るようになり、「政府債務残高／ＧＤＰ」の増加には歯止めがかかり、わずかながらも減少に転じだしたのである。安倍政権は20年度のプライマリーバランス黒字化にこだわるあまり、単年度の財政運営を縛られたくないとの思いが強い。そこで、Ⓐプライマリーバランスと並んでⒷ政府債務残高のＧＤＰ比を掲げることで、Ⓐが達成できなくともⒷで成果を上げている、とうたおうとしているのである。

普通なら、名目成長率が上がり出せば、つれて名目金利も上向く。ところが、日銀の異次元緩和やマイナス金利政策、16年9月に導入したイールドカーブ・コントロールの下で、長期金利は低位に据え置かれている。「金融抑圧」ともいえる手段で、国債の利払い金利は名目成長率を下回るようになった。以上の議論を、ＳＭＢＣ日興証券の宮前耕也・日本担当シニアエコノミストらは次のように整理する（図表45）。

アベノミクスでは、①経済成長と②緊縮財政（消費増税）による財政健全化が掲げられて

図表45 主な財政危機の解決手段と負担者

		負担者
① 経済成長（→税収増）		なし
② 緊縮財政	増税	納税者
	歳出削減	既得権益者
③ 金融抑圧		貯蓄超過の主体（預金者）、金融機関
④ インフレ税（財政ファイナンス等）		物価急騰→家計 円暴落→資産保有者（債権者）
⑤ デフォルト		国債保有者、円暴落伴えばインフレ税と同様広くダメージ

（出所）SMBC日興証券

きたが、20年度までにプライマリーバランスを黒字化する目標の達成は厳しい。一方、③金融抑圧の効果は徐々に出始め、支払利子を圧縮する手段となっている。支払利子圧縮により、プライマリーバランス改善を伴わずとも財政赤字を縮小させ、債務残高の増加を抑制することができる。安倍政権が、財政健全化目標として、プライマリーバランスの黒字化に加えて、債務残高対GDPの低下を強調し始めているのは、まさに「①＋②」から「①＋③」への手段のシフトを意味しよう。

イールドカーブ・コントロールの形をとる金融抑圧は、財政健全化が主目的ではなく、あくまでも物価目標達成のため導入された。だから、2％の物価目標達成が近づけば、たとえ政府が望まずとも、日銀は出口を検討せざるを得ない。この点は例えばターナー氏の主張などからもハッキリしている。皮肉にも足元では2％の物価目標達成に懐疑的な見方が多いために、金融抑圧が効果を発揮しているのだ。

ならば、「①＋③」の政策組み合わせが行き詰まる時は来るのか。宮前氏らは「警戒すべきは20年代後半」という。物価目標を達成して金融抑圧が終了する局面で、高齢化による財政指標の悪化が重なれば、財政悪化に拍車がかかる。財政バブルと日銀バブルの破綻である。そうした事態を防ぐには、高齢者を弱者とみなす今の社会保障システムをゼロベースで見直す必要があるだろう。

高齢者の長期在宅介護について本人負担の増加を求めたところ、「認知症税（Dementia tax）」だとの批判を浴び総選挙で敗北を喫した英メイ政権の命運が想起される。だが人生100年時代を迎えて、高度成長と会社人生を前提に構築された現在のシステムが、持続可能なはずがない。矛盾のしわ寄せが、財政運営と金融政策に来ている。あふれるマネーが生み出す新たな局地的バブルは、その帰結なのだろう。

もっとも米欧が金融緩和の出口に向かい、日本にも長期金利上昇の圧力が及んで来ることも考えられる。仮に20年度に日銀が金融緩和からの出口を迎え、その際の金利が現在より

1%上昇すると仮定すると、20年度の日銀の収益は4・2兆円悪化し、保有資産の時価は28・8兆円目減りする――。みずほ総合研究所はそんな試算を示す。

4・2兆円という収益の悪化は、日銀が民間銀行から預かっている準備預金に、1%の利息を払わなくてはならないためだ。法律で預け入れが義務づけられている部分(法定準備)を超えて、日銀に積み上げられている部分(超過準備)については、世の中の金利が1%まで上昇してくるなら、銀行としても日銀に預けていたお金を引き出して、市場で運用しようとするだろう。

すると、世の中に出回るお金が一気に増えて、望まざるインフレを引き起こしかねない。そうした事態を防ぐために、超過準備に市場金利と同じ1%の利息を支払わなければならなくなる。20年度の超過準備は約510兆円になると見込まれるので、支払利息は5・1兆円となる。今の超低金利が続いた場合の支払利息は2000億円程度なので、差し引き5兆円近く支払利息が増える。その一方で、日銀が保有する国債の利息収入は増えるが、とても支払利息の増加には追いつけない。

一方、28・8兆円という保有資産の時価減少は、主に債券相場の値下がりによる。金利が上昇する局面は景気が良くなることが多いので、株価はむしろ値上がりすると想定している。

具体的には20年度末の日銀の債券保有を598兆円、株式保有を37兆円とみて、債券からは39・1兆円の評価損、株式からは10・3兆円の評価益がでるとみている。

問題は金融緩和の出口政策に伴って、日銀が実質的に債務超過になる可能性である。日銀の自己資本は16年9月末で7・7兆円。評価損の問題は日銀が国債を満期まで保有すればよいことにしても、期間収益の悪化によって赤字決算が何年か続けば、日銀の自己資本が食いつぶされる。こうした日銀の損失については、政府と日銀が共同で対処する必要があるだろう。この辺が国内の代表的な見方である。

交差する悲観と楽観のシナリオ

実体経済に比べてマネーが過剰な現状にいっぺんにブレーキを踏むことは、今の日本では難しいと思われる。とはいえ、余っているお金が回収の見込みの乏しい事業に注ぎ込まれるようだと、基礎体力の弱っている日本経済は二度と立ち直れないようなダメージを負う。東京五輪を控えて盛り上がりをみせる建設投資が反動減を迎えた際の景気の落ち込みや金融機関の不良債権の発生も懸念される。これが第1の悲観シナリオである。

第2の悲観シナリオは政治的安定の喪失だ。12年末に発足した安倍政権の経済運営には、海外から高い評価が下されているものの、17年7月の東京都議選での自民党大敗を機に、政権の基盤は動揺をみせつつある。日本の政治が仮に安倍政権登場前のように、1年に1人の首相を生み出す時代に逆戻りするようだと、経済運営に対する海外からの信認は地に落ちる。成長戦略も財政健全化もおぼつかない日本の国債は格下げを受け、国債のリスクプレミアムは跳ね上がる。デフレ再燃の思惑から為替市場では褒め殺しのような円高が復活しよう。アベノミクスを当て込んで実力以上に買われていた日本株は、再び見向きもされなくなろう。バブル崩壊とデフレ不況は人口減や少子化の構造問題と重なり、日本は破綻の道を歩むことになる。

もちろん、経済回復のシナリオが残されていないわけではない。世界的に出てきた成長のタネをうまく生かすような成長戦略である。第5章では米国を中心とした新たなハイテク株バブルを指摘したが、AIが労働生産性や経済成長率を高める可能性は現実のものとなりつつある。例えば経営コンサルティングのアクセンチュアは、AI技術が根本的に働き方を革新し、ビジネスにおける人間の役割が強化されることによって、35年の経済成長率はAI革命がなかった場合に比べて倍増し、生産性は40％向上するとの試算を示す。

GDPに相当するGVA（粗付加価値）の成長率と労働生産性の伸びについて、ベースラ

図表46　2035年の各国のGVA成長率（GDP成長率にほぼ相当）について、ベースラインシナリオとAIシナリオで比較

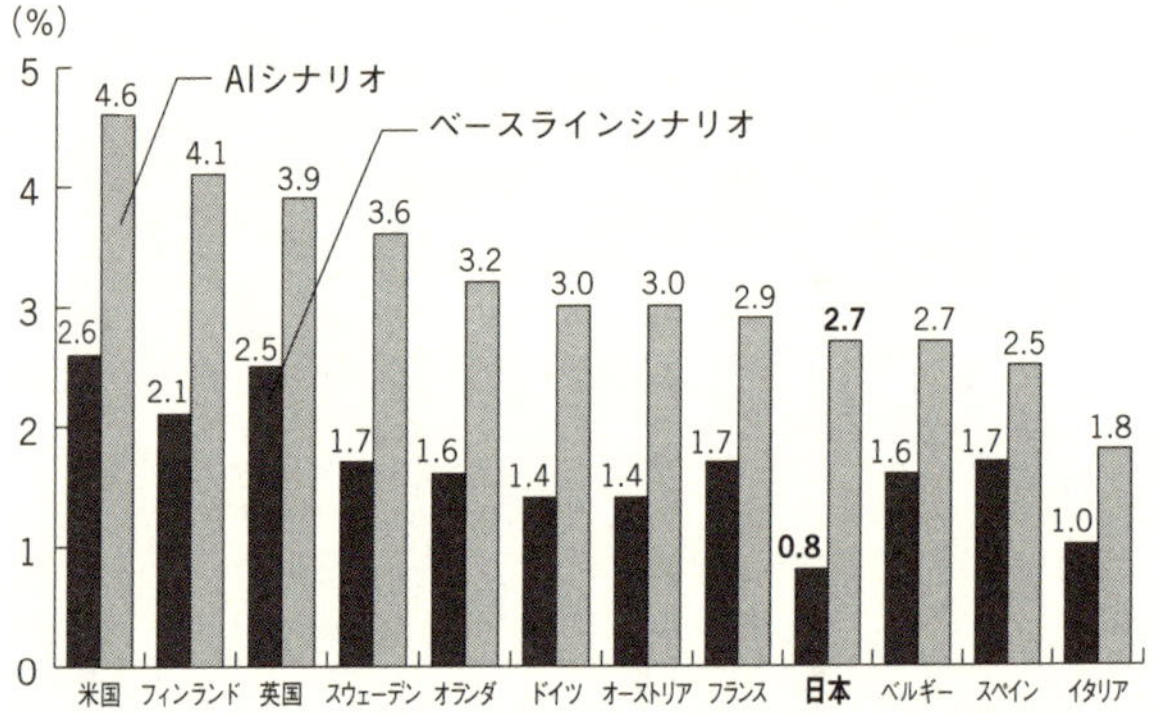

（出所）アクセンチュアおよびフロンティア・エコノミクス

イン（ＡＩ革命なし）シナリオとＡＩシナリオで比べると、図表46のようになる。日本の場合は35年の経済成長率が0・8%から2・7%へと3倍以上に高まる。労働生産性は35%も上昇することになる。

革新的なＡＩ技術によって、人間がより効率的に時間を使うことができ、新たなものを創造するという、人間が最も得意な仕事に集中できるとみてのことだ。日本はサービス業などの生産性が低いために「伸びしろ」が大きい。

人口の減少という日本の弱点が、第4次産業革命以降の経済社会では、最大のアドバンテージ（優位点）にもなり得る。米国などではＡＩがヒトの仕事を奪うことが懸念されているが、人口減少社会の日本では、社会的な摩擦をあまり起こさずにＡＩやロボットを導入することが可能になるかもしれない。失業なきＡＩ社会へのシフトともいえるし、現状の労働供給の制約の克服ともいえる。

もちろん、手をこまぬいていては、こうした転換を起こせない。第４次産業革命に対応した働く人、一人ひとりの能力開発が欠かせないし、産業構造の転換に対応するため、会社内や市場全体で労働力の成長分野へのシフトを促さないといけない。現状では、こうした転換への道筋を描けているとはいえない。

活路は課題解決型の成長に

いま必要なのは、問題に取り組むモデルを示すことだろう。高齢化が進み、人口が減り、人手が足りない。日本が直面する最大の壁がそこにあるならばそれを逆手にとって、課題解決型の成長を目指そうじゃないか。5年目となる17年の政府の成長戦略である。成果を上げるカギは何だろうか。

介護サービス大手のセントケア・ホールディングは17年3月、ＡＩを活用したケアプランを提供する新会社を設立した。新会社シーディーアイ（ＣＤＩ）は、膨大な介護データをディープラーニング（深層学習）して、自立支援プランを支援する。

セントケアが保有するデータ10万件のうち、詳細な分析が可能な2万3000件。この問題に先進的な埼玉県の和光市が持つ6500件。合わせて約3万件のデータを分析し、要介護者の改善に役立つケアプランを立てよう。そんなアイデアが出発点だった。

介護により要介護区分が改善したケースはセントケアの場合で約10％、自治体でも約15％どまり。残り85％から90％は、介護しても要介護区分が変化しないか悪化していた。

「データをAIによるふるいにかけ、ケアプランの有効性を高められないか」。そう思い立って、担当者は米スタンフォード大学工学部のAI研究所の門をたたいた。「おもしろい」。研究者は目を輝かせた。

要介護者の見守りなど現場へのAIの応用を開発していた米国の研究者にとって、3万件ものデータは深層学習を進めるうえで宝の山だからだ。研究者は学内でベンチャー企業を立ち上げ、日本側に分析結果を伝えると約束した。

CDI社にはセントケアのほか、介護分野に力を入れだした日揮、介護施設を運営するツクイやこうほうえん、産業革新機構も出資している。AIを活用したケアプランで実績が上がれば、システムを幅広く世の中に提供する。

このケースではＡＩ分析は米国側であるが、ひょっとすると日本側にも巻き返しのチャンスがあるかもしれない。カギは課題先進国と称される日本が、様々な分野で蓄積してきたリアルデータである。

これまでのインターネット革命の第1幕、ネット空間のデータ競争で米国勢がプラットフォーム（舞台）を席巻し、日本のメーカーやソフト会社は「小作」に甘んじた。

リアルデータは宝の山

これに対しネットと実社会の融合が進む健康医療、自動走行、生産現場の分野で、日本勢は多くのリアルデータを持っている。そのデータを有効活用することで、企業の生産性や産業の競争力を高める道が開ける。メリットはそればかりでない。実社会と融合したネットを使いこなすことで、社会全体が直面する課題に取り組むのにも役立つ。

25年以降は団塊の世代が75歳以上の後期高齢者となる。30年代には3人に1人が65歳以上となるだけに、現状のままではお金がかさむばかりでなく、医療・介護に携わる人手が足りなくなることは目に見えている。病院や介護の世話にならずに済む健康寿命を延ばすことは、待ったなしの課題なのだ。そのための手段として、健康・医療データに基づいて、生活習慣病を防ぐとともに、効果的な治療ができるようにすることは欠かせない。要介護者の4分の3が認知症という現状を踏まえれば、データの的確な分析は急務である。

日本は国民皆保険で、領収書に相当するレセプトの96％は電子化されている。データは蓄積されているはずだが、医療・介護・健康データはバラバラ。まず健診結果や既往症の情報などをひとまとめにしたうえで、本人同意のうえでデータベース化することが急がれる。介護についても同様だ。

データの分析・活用による医療や介護の最適化を進めるには、報酬や負担にメリハリをつけることが欠かせない。通院せず映像機器を通じて家にいながら問診を受けるオンライン診断については、診療報酬を厚めにする。要介護度が改善すると介護報酬が減るのは本末転倒で、効果的な自立支援を評価する。健康づくりやコスト抑制を埋め込んだ仕組みが欠かせない。

ＡＩなどを使った取り組みがどのくらい成果をあげるか。未来投資戦略の試算によると、介護の人材不足は25年には31万人、35年には68万人にのぼる。ＡＩやロボットを使って介護の現場を効率化し、データの有効活用で自立支援介護を進めることで、35年の人手不足は21万人まで圧縮できるだろうと踏んでいる。

高齢化と人手不足という課題は、移動や輸送、生産や流通、建設などの現場に共通する。貨物自動車の運転手の不足は宅配便クライシスを招いたし、建設業の人手不足は25年には130万人に達するとの試算もある。人手をＡＩやロボットに置き換える必要性は、今や共通認識だろう。

自動走行や無人工場ばかりでない。「トマトが十分熟したかをＡＩで判別し、24時間体制でロボットが収穫するといった具合に、農業も新技術が生産力を高める」と全国農業協同組合中央会（ＪＡ全中）の奥野長衛・前会長はいう。

リアルデータとＩＴ（情報技術）を活用した課題解決型の手法がうまくいけば、日本の後を追って急速に高齢化するアジア諸国に対する売り物となる。規制改革も含め本気度が試されている。

潤沢なマネーが課題解決型のビジネスに流れるようにすることを通じてしか、日本の経済と社会は今の袋小路から抜け出せない。その道が発見できないようだと、新たな金融資産バブルが膨らみ、また崩壊するというコースをたどることになろう。

その時には、80年代のバブル崩壊後に受け皿となった財政や金融政策の歯止めには期待できないどころか、財政と中央銀行のバブルが破裂し、経済社会のシステムが底抜けしないとも限らない。今は課題解決型の成長に進めるのか、このまま慢心してしゃがみ込むかの最後の選択の時である。

あとがき

　書店にはバブル本が積み上げられている。なかでも1980年代に日本がバブルに呑み込まれていく過程を、丹念な取材の蓄積を元に描いた永野健二『バブル　日本迷走の原点』（新潮社）は、その時代を振り返る際の定本となるだろう。それにしても、30年以上も前の出来事が、これほど人々の関心を引くのは、バブルが過去の出来事ではなくなってきた証左だろう。

　そう思い辺りを見渡すと、世の中は少しウキウキした雰囲気になっている。銀座の地価はバブル期を超え、失業率はバブル崩壊直後の水準まで低下し、有効求人倍率に至ってはバブル期をさかのぼり高度成長末期の水準にまで達している。その一方で、景気が持ち直しても物価は上がらず、賃金の上昇はいまひとつである。歴史は同じようには繰り返さない。今回の日本では一体何が起きて、これからどこに向かうのか。本書はそうした問題に取り組んでみた。

筆者は2017年4月からBSジャパンの報道番組『日経プラス10』で、小谷真生子さんのお隣でニュースを解説している。本業の新聞記者としての仕事もあるので、同じニュースを取り扱うにしても新聞とテレビでは随分違った角度だな、と実感することになった。本書のテイストがこれまでの本と違うとすれば、そのためだろう。多くのヒントを与えていただいた番組スタッフにお礼申し上げるとともに、読者の皆さまにお伝えできたならいいな、と念じている。

滝田洋一 たきた・よういち

日本経済新聞社編集委員。1981年慶応大学大学院卒。同年日本経済新聞社入社。金融部、チューリヒ支局、経済部編集委員、論説副委員長、米州総局編集委員などを経て現職。2008年度ボーン・上田記念国際記者賞受賞。『日経プラス10』（BSジャパン）キャスター。主な著書に『日本経済 不作為の罪』『通貨を読む』『金利を読む』『世界金融危機 開いたパンドラ』『世界経済大乱』『世界経済 まさかの時代』。

日経プレミアシリーズ｜346

今《いま》そこにあるバブル

二〇一七年八月八日 一刷

著者 滝田洋一
発行者 金子 豊
発行所 日本経済新聞出版社
http://www.nikkeibook.com/
東京都千代田区大手町一―三―七 〒一〇〇―八〇六六
電話（〇三）三二七〇―〇二五一（代）
装幀 ベターデイズ
組版 マーリンクレイン
印刷・製本 凸版印刷株式会社

ISBN 978-4-532-26346-1 Printed in Japan

日経プレミアシリーズ 333

トランプ政権で日本経済はこうなる

熊谷亮丸・大和総研

誰も予想できなかったトランプ政権。ドル高・円安はいつまで続くのか？　米国の復活でアベノミクスの追い風となるのか？　それとも保護主義、地政学リスクの高まりから、世界を奈落に追い落とすのか？　日米駐在のトップエコノミストによる緊急書き下ろし。

日経プレミアシリーズ 322

世界経済　まさかの時代

滝田洋一

Ｂｒｅｘｉｔ（英ＥＵ離脱）で再びくすぶる欧州銀行危機。なぜ今、尖閣諸島に中国漁船が押し寄せるのか？　黒田緩和とヘリコプターマネーの分かれ目。トランプの経済政策とアベノミクスの意外な類似点とは――？　「まさかの事態」が次々と発生する世界を、日経編集委員が読み解く。好評の『世界経済大乱』第2弾。

日経プレミアシリーズ 303

世界経済大乱

滝田洋一

止まらない中国からのマネー流出、悪化するサウジアラビアの懐具合、出口が見えぬ金融緩和競争、米欧同盟の亀裂とポピュリスト政治家の台頭――相場格言の通り、２０１６年は「騒乱の申年」なのか？　リーマン・ショックの再来はあるのか？　同時多発危機の現場から緊急報告。

日経プレミアシリーズ298

資本主義がわかる本棚

水野和夫

文学、社会学、哲学、宗教、科学史……幅広いジャンルの本を読んでいくと、あるときふと、点と点がつながって、一つのテーマが浮かび、形になる。ブローデル『地中海』、シュミット『政治神学』からピケティ『21世紀の資本』まで、「資本主義の終焉」を唱える著者が、53冊の書評から、グローバル資本主義の命運を占う。

日経プレミアシリーズ293

中国バブル崩壊

日本経済新聞社　編

急激な株価下落と異例の株価対策。人民元の切り下げに端を発した世界同時株安——中国政府の統制がきかず、経済がクラッシュする「悪夢」が現実のものとなったとき、世界は、日本はどうなるのか。国内と世界各地に駐在する市場・経済担当記者が総力を挙げて描き出す！

日経プレミアシリーズ340

不動産格差

長嶋　修

アベノミクスや東京五輪の恩恵を受ける物件はほんの一握り。大半の不動産は下がり続け、全国の空き家比率は3割に向かう。あなたのマイホームや両親の家は大丈夫ですか？——。人口減、超高齢化時代における住宅・不動産の見極め方、つきあい方を教えます。

日経プレミアシリーズ177

昆布と日本人

奥井　隆

明治維新で倒幕資金の源になった、山の養分で味が決まる、ヴィンテージの仕組みはワインと同じ……。知っているようで、意外に知らない「母なる海産物」の魅力・秘密の数々。創業140年を誇る昆布商の主人が歴史から、「うま味」の本質、おいしい食べ方まで、昆布の興味深い話をていねいに伝えます。

日経プレミアシリーズ046

リンゴが教えてくれたこと

木村秋則

自然には何一つ無駄なものはない。私は自然が喜ぶようにお世話をしているだけです――。絶対不可能と言われたリンゴの無農薬・無肥料栽培を成功させ、一躍時の人になった農業家が、「奇跡のリンゴ」が実るまでの苦難、独自の自然観、コメや野菜への展開を語るとともに、農薬と肥料に依存する農のあり方に警鐘を鳴らす。

日経プレミアシリーズ084

ほんとの野菜は緑が薄い

河名秀郎

有機マークが付いていれば農薬の心配はないのか、「無添加」表示があれば安全なのか。数ある情報の中からほんものを見分けるためには？　農薬も肥料も使わない「自然栽培野菜」の普及に携わり続けた著者が語る、食を取り巻く衝撃の事実。そして、自然の野菜に学ぶ真のナチュラルライフ、心地のいい暮らし方とは？